U0848394

大学英语教学的跨文化教育探析

王冬梅 著

吉林科学技术出版社

图书在版编目(CIP)数据

大学英语教学的跨文化教育探析 / 王冬梅著. --
长春：吉林科学技术出版社，2019.5
ISBN 978-7-5578-5494-2

Ⅰ. ①大… Ⅱ. ①王… Ⅲ. ①英语－教学研究－高等
学校 Ⅳ. ①H319.3

中国版本图书馆 CIP 数据核字(2019)第 106171 号

DAXUE YINGYU JIAOXUE DE KUAWENHUA JIAOYU TANXI

大学英语教学的跨文化教育探析

著　　王冬梅
出 版 人　李　梁
责任编辑　李思言
封面设计　崔　蕾
制　　版　北京亚吉飞数码科技有限公司
开　　本　710mm×1000mm　1/16
字　　数　207 千字
印　　张　16
印　　数　1—5 000 册
版　　次　2021 年 1 月第 1 版
印　　次　2021 年 1 月第 1 次印刷

出　　版　吉林科学技术出版社
发　　行　吉林科学技术出版社
地　　址　长春市人民大街 4646 号
邮　　编　130021
发行部传真/电话　0431－85635176　85651759　85635177
　　　　85651628　85652585
储运部电话　0431－86059116
编辑部电话　0431－85635186
网　　址　www.jlsycbs.net
印　　刷　北京亚吉飞数码科技有限公司

书　　号　ISBN 978-7-5578-5494-2
定　　价　70.00 元

如有印装质量问题　可寄出版社调换

前 言

随着信息时代的到来、通信技术的发展以及全球经济一体化进程的加速,国与国之间的交流、人与人之间的交往变得日益频繁,人们所生活的偌大的世界变成了一个小小的地球村。英语作为世界上使用最广泛的语言,在国家间的交往与合作中发挥着重要的桥梁与纽带作用。世界各个民族都有着独具特色的历史和文化,对于英语学习者而言,他们不仅要学习和掌握语言本身,还要学习这门语言背后所蕴含的独特文化。文化差异观认为,当下的英语教学应该从"以语言教育为主"转向"以文化交流为主",即不仅要教授学生英语语言知识,培养学生的语言使用能力,还应从跨文化交际角度实施文化教育,提高学生的文化素质,培养学生的跨文化交际能力。

从当前的现状来看,很多大学生仍不敢开口说英语,与西方人交流时也是困难重重,跨文化交际效果不佳。随着改革开放的不断深入以及中国综合国力的持续增强,中国与世界各国的交往与合作日渐增多,国家需要的是面向未来、具有跨文化交际能力的人才。这就要求我国的大学英语教学重视跨文化教育,将跨文化教育提升到一个战略的高度,进而培养并输出符合国家发展需求的英语人才。目前,跨文化教育已经成了大学英语教学研究中的重要课题。为了顺应大学英语的跨文化教育的新形势,就有必要深入地探究跨文化教育的内涵与过程,从而为大学英语教学改革提供借鉴。因此,作者在总结多年研究经验及成果的基础上,撰写了《大学英语教学的跨文化教育探析》一书。

本书共包含八章内容。第一章对大学英语教学的内涵、基本原则、理论依据进行了综合论述。第二章对跨文化教育与大学英语教学的融合进行了探究，包括跨文化教育的产生与发展、跨文化教育与大学英语教学的有机融合及跨文化外语教学的研究现状。第三章属于过渡章节，主要对大学英语教学中跨文化教育实施的必要性、原则和方法进行了深入分析。第四章至第六章分别对大学英语词汇、语法、听力、口语、阅读、写作和翻译教学中的跨文化教育进行了剖析，这三章是本书的重点内容。第七章对跨文化教育背景下大学生跨文化交际能力的培养进行了论述，这也是本书的核心内容。第八章对跨文化教育背景下大学英语教师专业能力的发展进行了探究。

本书从跨文化角度出发，对大学英语教学的跨文化教育进行了比较全面、系统的论述，本书主要有以下三个特点。

首先，研究视角较为新颖。本书一改传统的单纯从语言角度研究大学英语教学的模式，将英语教学与跨文化教育相结合，使大学英语教学从语言教学提升到语言与文化融合教学的高度，体现了大学英语教学的总体方向。

其次，与社会发展相结合。我国社会的发展需要具备扎实的英语语言基础和丰富文化素养的复合型人才。本书顺应社会发展的趋势，强调了大学英语教学融入跨文化教育的必要性和重要性，不仅有助于提高大学生的英语应用能力和跨文化交际能力，而且有助于培养国家建设和社会发展所需要的复合型外语人才。

最后，分析具有递进性。本书在“语言教学＋跨文化教育”这一主线的导引下，逐一对大学英语教学、大学英语教学与跨文化教育之融合、大学英语语言知识与技能教学中的跨文化教育、学生跨文化交际能力的培养、跨文化教育背景下教师专业能力的发展等问题进行了分析和讨论。

全书结构严谨、重点突出、内容翔实，无论是对教师还是对学生，或是对致力于外语与文化教学研究的专业人士而言，都有着积极的指导意义和借鉴价值。

为保证内容的科学性，在成书过程中，作者参阅了大量文献，并引用了相关专家和学者的部分观点，在此一并表示衷心的感谢。由于水平有限，书中难免出现错误和疏漏之处，还望广大读者批评指正。

作　者

2019 年 4 月

目录

第一章 大学英语教学综述

英语是世界通用的重要语种，其在国家与国家之间的交往中发挥着不可替代的作用。几乎与计算机操作一样，英语成了外向型经济生活中的人的一种必备技能。基于生活与工作的迫切需要，人们学习英语的热情逐渐增强。大学英语教学是高等教育的重要组成部分，其目的是提升学生的英语综合能力。本章作为开篇第一章，主要对大学英语教学进行综述，分别探讨大学英语教学的内涵、基本原则、理论依据这三大问题。

第一节 大学英语教学的内涵

简单来说，大学英语教学就是一种教育活动。对教师而言，教学是引导学生学习的教育活动；对学生而言，教学是在教师的引导下的学习活动。学生是否得到发展是教学能否实现其目标的关键。

一、大学英语教学的界定

教学是一个师生互动的过程，是教师教和学生学，共同完成预定目标的双边统一活动。具体来说，对大学英语教学进行界定主要涉及以下几个方面。

(1)大学英语教学是有目的的活动。在大学英语教学的不同阶段，教学有着不同的目标，而教学目标又具体分为不同的领域与层次。

(2)大学英语教学具有系统性和计划性。这种系统性主要体现在制定者的工作中,如教育行政机构、教研部门和学校的教学管理者等。大学英语教学的计划性指的是对英语基础知识的计划性教学,如英语语音、词汇、语法、写作、阅读等具体知识和技能的传递。

(3)大学英语教学需要采取合理的教学方法和教育技术。大学英语教学经过了深厚的历史积淀,形成了大量有效的教学方法。现代科学技术,尤其是信息技术的发展,为大学英语教学提供了可以借助的多种教育技术。

综上所述,可以将大学英语教学的内涵概括为:教师依据一定的大学英语教学目标,在有计划的系统性的过程中,借助一定的方法和技术,以传授和掌握英语知识为基础,促进大学生整体素质发展的教与学相统一的教育活动。

二、大学英语教学的基本内容

(一)语言知识

学习一门语言的基础在于学习语音、词汇、语法、语篇、功能等,这在英语语言学习中也不例外。学生学习英语的首要目的就在于学习这些语言知识,这些基础知识是培养学生综合语言能力的重要部分。也就是说,学生要想熟练运用英语这门语言,就必须掌握语言知识。

(二)语言技能

除了学习语言知识外,学生还需要学习英语语言的五项技能,即听、说、读、写、译。听力技能是指学生对话语含义的识别、理解与分析能力。口语技能是指学生输出已知信息、表达自身思想的能力。阅读技能是指学生对语言内容的辨认与理解能力。

写作技能是指学生运用书面形式输出已知信息、表达自己思想的能力。翻译技能是指学生的综合能力，涉及信息的输入与输出。听、说、读、写、译是高校学生综合运用能力的基础，通过这五项技能的训练，可以保证学生在具体的交际实践中做到得心应手。

(三)文化意识

语言与文化有着密切的关系，因此对语言的学习也离不开对文化的学习。如果语言教学脱离了文化教学，那么语言教学就没有了思想性、人文性。因此，在教授英语时，教师需要引导学生了解和掌握语言背后的文化知识，如西方国家的地理历史、风土人情、生活习惯等。在具体的教学中，有两点需要注意。

(1)要考虑学生自身的心理需求与认知能力，循序渐进地导入文化知识，从而不断培养他们的文化意识，拓宽他们的文化视野。

(2)在引导学生学习西方文化时，不能盲目地引入，以避免学生出现崇洋媚外的情况。

(四)学习策略

学习策略是学生为了学好语言知识而采取的方法和步骤。在英语语言学习中，学习策略有很多，如情感策略、调控策略、认知策略等。学生只有培养自身的学习策略，才能更好地开展英语学习，提升自身的英语能力。具体体现为如下两点。

(1)学生运用正确的学习策略有助于提升学习的效率，养成良好的学习习惯。

(2)学生运用正确的学习策略有助于改进学习方式，减少学习中遇到的困难，即使遇到困难也会找到合适的解决方式，最终提升学习效果。

在大学英语教学中，教师应该引导学生发现和培养自身的学习策略，对自己的学习过程进行监控。如果在学习中遇到问题，学生应会调整自己的学习策略，尝试不同的策略。

第二节　大学英语教学的基本原则

所谓教学原则，是指在一定的教学目标的指导下，根据教学规律，对教学展开指导的行为准则。当然，大学英语教学也需要一定的原则作为指导，并且这些原则要与英语这门学科的特性相符合，同时需要与学习英语的学生的特点相符合。随着大学英语教学的不断改革与发展，形成了很多与之相符的教学原则，本节对其进行总结与论述。

一、综合性原则

大学英语教学应该坚持综合性原则，将语音、词汇、语法等知识进行交互教学，从而提高教学的实用性。具体来说，综合性原则指导下的大学英语教学应该重视以下几个方面的内容。

(1)整句教学与单项训练相结合。大学英语教学的目标在于培养学生的语言运用能力，因此在教学中教师应该做到总分结合，既要对整句进行教学，也要结合单项的训练。当学生的语言知识达到一定的水平之后，他们就能够将其运用到日常生活与工作中，这样的运用也有助于学生语感能力的提升。也就是说，教师在大学英语教学中首先应开展整句教学，即先教授给学生一些简单的句子，当学生有了一定的积累之后，再教授复杂的句子，这时候需要将整句练习与单项训练结合起来。

(2)进行综合训练。语言学习并不是孤立的，而是一个统一的、完整的整体，因此需要在教学中开展综合训练，即将听、说、读、写、译各项技能的教学结合起来。在大学英语教学中，听、说、读、写、译几项技能的培养是教学开展的主要内容与路径，教师可以对学生的多项感官进行训练，保证五项技能训练的比例与数量，从而让学生逐渐完成学习任务，提升学习质量。

(3)进行对比教学。众所周知,英汉语言之间存在明显的差异,这就要求教师在大学英语教学中应该引导学生对英汉语言进行对比。通过对比,学生能发现英汉语言在动植物词汇、人名、地名、称谓语、禁忌语等层面的差异,并且能准确地运用语言来进行写作与翻译。总之,通过对比教学,学生可以不断提升自身的学习效果。

二、针对性原则

在传统的英语课堂教学中,教学大纲、教学目标、教学计划、教材等均是为全体学生而设计的,学生所学的知识与技能基本相同,难以照顾到学生的智力、能力、性格等个体差异。而跨文化教学通常具有丰富的内容与多种多样的形式,可以弥补传统课堂教学的缺陷,可以做到因材施教。因此,在大学英语教学中教师应实施跨文化教学,将每位学生的潜能都激发出来,根据不同学生的特点采用不同的活动形式。

三、及时总结原则

总结对大学英语教学而言必不可少。无论哪种活动形式,在活动结束之后,教师都要及时进行分析与总结,发现所取得的进步与存在的问题,同时找出问题的原因,为以后教学活动的开展做好准备。总结的形式应依据具体活动而定。

四、趣味性原则

根据克拉申(Krashen)的“情感过滤假说”[①],在传统的课堂上,由于教学形式、教材、课堂气氛等都存在一定的不足,学生的

① Krashen, S. *The Input Hypothesis: Issues and Implications*[M]. London: Longman Group Limited, 1985: 100.

“情感过滤层”易于升高，容易产生紧张焦虑的情绪，这样他们接受可理解性语言输入时就没有足够的空间。与之不同，在富有趣味性教学活动中，学生的“情感过滤层”会降低很多，这利于他们对可理解性语言的吸收。可见，保持趣味性对学生的语言学习非常有利。

大学英语教学应确保活动具有趣味性，具体体现为活动内容丰富、形式多样，富有竞赛性、娱乐性、创造性。教师应努力为学生营造英语学习的氛围，使学生在耳濡目染中提高学习效果。

五、情感性原则

(1)以情施教原则。根据以情施教原则，为使情感与知识融合为一体，教师应在授课时引入积极的情感，从而实现以情促知，达到情知交融。对此，教师首先要将自己置于积极的情感之上，这样才能调动学生的情感积极性。

(2)寓教于乐原则。寓教于乐原则旨在让课堂教学活动在学生快乐的情绪下进行。这就要求教师能够预测和把握好一切变量，使学生乐于接受、乐于学习。值得注意的是，教师应当把调节情绪作为课堂教学活动的一个突破口，但不能整节课都在调节学生的情绪，确保学生的学习状态达到最佳的层次。

六、思想性原则

在大学英语教学中，教师需要坚持的一个重要原则就是思想性原则。思想性原则要求大学英语教学的内容应该是健康的、正确的，除了要对学生进行语言知识的培养，还要对学生展开精神文化的培养。因此，在组织大学英语教学时，教师需要具有较高的思想觉悟，寓德育于教学活动中，使学生在学习知识的同时接受思想教育。

七、以就业为导向原则

所谓以就业为导向，顾名思义就是教学的目的是为学生的就业服务的。具体来说，这一原则要求教师注意如下两点。

(1)在教学过程中，教师所讲授的知识需要与学生未来的职业领域相关。

(2)在具体的实践过程中，教师应能够引导学生实现“零过渡”。具体来说，高校可以与社会上的和学生专业领域相关的企业进行合作，为学生提供更多参与实践的机会，从而帮他们掌握知识与理论，为以后顺利走上工作岗位做铺垫。

八、分别组织原则

大学英语教学还应遵循分别组织原则，根据具体情况分别组织不同的活动。英语教学活动通常有大型集体活动、小组活动以及个人活动三种类型，其中的小组活动最为常见。教师应结合学生的英语水平、个人兴趣将其分为不同的小组，如表演小组、会话小组、戏剧小组等，以使学生的才华得以发挥。

个人、小组以及大型集体活动相互影响，相互作用。大型集体活动的效果取决于小组活动的质量，而小组活动的效果又取决于个人活动的质量。教师在组织英语教学活动时，应合理安排这三类活动形式，使三者相互配合，最终提高大学英语教学的效果。

九、循序渐进原则

英语学习并非一朝一夕就可以完成的，而是要经历一个漫长的过程。教师应意识到这一点，在组织教学活动时，应坚持循序渐进原则，即由易到难，先简后繁。在刚开始组织教学活动时，教师应给学生设置较为简单的活动。随着活动的逐渐开展，可采用各种不同的形式，并适当增加活动的难度。学生通过完成各种任务，能够逐渐增强自信，获得成就感。如果一开始活动的难度就比较大，学生容易产生自卑心理，这显然不利于学生的身心发展。

第三节 大学英语教学的理论依据

在大学英语教学中，不论教师采用何种教学态度、教学手段，都是建立在一定理论基础上的。因此，在大学英语教学中，教师需要深入了解语言本质理论、语言学习理论等相关理论，进而在这些理论的基础上寻求恰当的教学方法。

一、语言本质理论

关于语言本质理论，不同的学者从不同的角度对其进行了分析和探讨，并提出了自己的观点与见解。下面对转换生成语法理论、言语行为理论进行重点论述。

(一)转换生成语法理论

20 世纪 50 年代，乔姆斯基(Chomsky)提出了转换生成语法(Transformational Generative Grammar，TG)，其是对语言学深层次的研究，尤其是对句法结构的研究。[①] 当前，在西方语言学中，转换生成语法理论非常重要，也非常具有影响力。下面就对转换生成语法理论进行介绍。

1. 转换生成语法理论简述

自诞生以来，转换生成语法的发展非常迅速，大致可以划分为如下四个阶段。

---

① Chomsky，N. *Reflections on Language*[M]. New York：Pantheon，1975：29.

(1)经典理论阶段。语法包括三大组成部分。

其一,短语结构,由很多 A→B+C 的改写规则构成。

其二,转换结构,指一系列的转换规则,并且每一条规则都包含两个步骤:一是分析,二是变化。

其三,形态音位,其由形态音位规则构成,当然也可以称为一系列的改写规则。

在这一阶段,乔姆斯基认为语法学有着自己的系统,不能将“有意义”与“合乎语法”两个概念等同起来,因为二者有着本质的区别。

(2)标准理论阶段。随着语法研究的深入,经典理论逐渐显露出自身的缺陷。从表面上看很多句子是合格的,但是在语义上并不合格,甚至解释不通。对此,乔姆斯基经过慎重的考虑,将语义关系融入语法研究中。具体而言,标准理论的模式可以用图 1-1 表示出来。

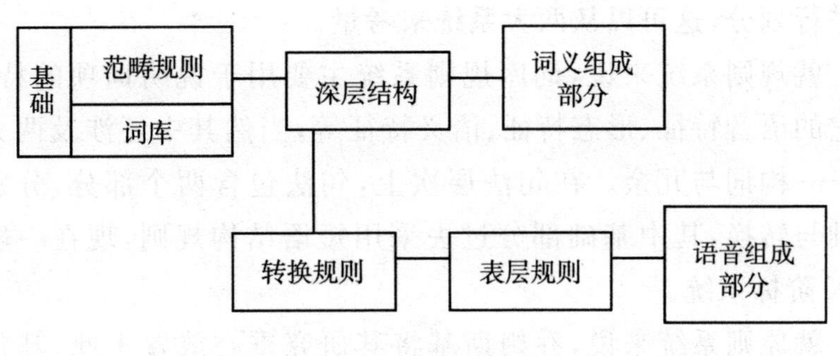

图 1-1 标准理论模式

(资料来源:刘颖,2014)

乔姆斯基的标准理论包含三个部分,即句法、语义与语音。其中句法部分包含基础与转换两个部分,基础包含有范畴与词库两个部分。句法部分对句子的结构进行了规定,分为表层与深层两大结构,前者输入语音部分,通过语音规则对语义加以传达,后者输入语义部分,通过语义规则传达句子的意义。转换对语义并不会产生影响,通过转换获得的表层结构与语义之间也并不存在关联性,但是深层结构能够将所有的语义信息呈现出来。

(3)扩充式标准理论阶段。由上述表述可知，乔姆斯基的标准理论将深层结构与语义相关联，指出表层结构与语义没有关系。但是在下面的表述中，表层结构能够对语义产生影响，甚至转换也会在某种程度上改变语义。

第一，否定词顺序、逻辑量词顺序会影响语义。

第二，译文转换会影响语义。

第三，转换对句子的语义会造成影响。

第四，only，even 等词在句子表层结构的位置不同，语义也会随之发生改变。

因此，乔姆斯基对标准理论进行了完善，形成了扩充式标准理论。

(4)管辖与约束理论阶段。对于上述乔姆斯基的解释，很多人提出了质疑，因此乔姆斯基又深入研究语法，提出了“管辖与约束理论”。在这一阶段，乔姆斯基认为，语法是组合的，可以对语法进行划分，这可以从两大系统来考量。

就规则系统来说，词库规则系统主要用于说明词项的特征，如它的语音特征、形态特征、语义特征等，当然其中还涉及两大规则——构词与冗余。在句法层次上，句法包含两个部分，分别是基础与转换，其中基础部分过去采用短语结构规则，现在一般采用 X 阶标系统。

就原则系统来说，乔姆斯基将其研究重心放置于此，其包含很多理论，如 X 阶标理论、约束理论、管辖理论、格理论等。

2. 转换生成语法理论对大学英语教学的意义

在转换生成语法中，转换是句子派生过程中某一个特定阶段必须使用的手段。在使用中，深层结构属于输入手段，表层结构属于输出手段，而且具备相同深层结构的句子关系也非常密切。总体来说，转换生成语法具备化简单为复杂、化复杂为简单的双重能力，其对语言进行理性的分析，可以让教师加以借鉴，从而对教师与学生都能起到重要的指导作用。

学生对语法学习一般都感到头疼，因为语法是较难理解的，并且比较抽象和枯燥。但在语法教学过程中，如果教师能够化复杂为简单，那么学生就更容易理解，对知识点掌握得也就更扎实。

在大学英语教学中，每个班级的水平不同，同一班级内学生的水平也不一样，并且很多学生对英语学习缺乏兴趣，因此任何可以激发学生的学习兴趣、化繁为简的方法都可以拿来尝试。转换生成语法虽然具有高度的抽象性，但是其深层结构与表层结构都可以通过树形图来表达，从而更容易让学生理解句子成分之间的关系，其可以成为教师教学与学生学习的帮手。

(二)言语行为理论

在早期哲学家的论述中，关于言语行为的研究就已经存在。随着语言学家对言语行为理论越来越关注，其地位也越来越凸显。言语行为理论对于人类交际有着巨大的影响。

1. 言语行为理论简述

在语用学研究中，言语行为是其核心理论之一，尤其是奥斯汀(Austin)与塞尔(Searle)的研究，对言语行为理论的形成与发展意义重大。

(1)奥斯汀的言语行为理论。作为言语行为理论的初创者，奥斯汀的贡献主要有如下两大项。①

①表述句和施为句。这两个概念非常重要。奥斯汀认为，表述句是对有所述之言的句子加以表达，目的在于指导行动；实施句是对有所为之言的句子加以表达，目的在于行动与实施。

表述句的功能在于对某一信息进行陈述与描写。在日常使用过程中，表述句并不是随意的，其具有一定的逻辑关系与语义关系。同时，表述句存在真假之分，但总体上都是为了实现交际。

---

① 何广铿．英语教学法教程：理论与实践[M]．广州：暨南大学出版社，2011：76-78.

施为句具有如下五个特征。

第一，一般现在时为常用时态。

第二，第一人称单数作为主语出现。

第三，直陈式主动语态为常用语态形式。

第四，当出现 hereby 等副词时，可以检测出某一动词是否属于施为动词，检测出某一句子是否属于施为句。

第五，常带有明显的施为动词，其作用在于对发话人的话语行为加以描述与命名。

需要明确的是，如果想恰当地运用施为句，实现理想的言语行为效果，就需要满足如下几个条件。

第一，需要运用常规程序。

第二，在实施特定程序时，需要保证人物、条件等的恰当性。

第三，在实施时，交际双方必须完善与准确执行。

第四，在实施时，发话人提出的话语需要对受话人有影响，这样才能实现交际意图。

②言语行为三分说。奥斯汀的言语行为三分说包括“言之发”(以言指事，Locutionary Act)、“示言外之力”(以言行事，Illocutionary Act)、“收言后之果”(以言成事，Perlocutionary Act)。[①]

(2)塞尔的言语行为理论。塞尔对奥斯汀的观点进行了继承与发扬，并加以创新，对言语行为理论的发展也产生了重大影响。

①言语行为的实施规则。塞尔认为，语言的运用会受一些规则的影响和制约。具体来说，主要有两种规则：一是调解性规则，二是构成性规则。前者主要用于对旧有的言语行为与言语活动进行调节，后者主要用于对新的言语行为与言语活动加以限制。[②]

②以言行事行为的类别。在塞尔看来，以言行事行为主要包含五大类。

---

① 何自然，冉永平．新编语用学概论[M]．北京：北京大学出版社，2009：154.

② Searle，J. What is a speech act? [A]. *Pragmatics—a Reader*[C]. S. Davis(ed.). Oxford：OUP，1965a，254-264.

其一，断言类，即发话人对某事进行表态，判断话语的真假，如断言(assert)、通知(inform)等。

第二，指令类，即发话人对某人发出指令，如请求(request)、命令(order)等。

第三，承诺类，即发话人对未来的行为做出承诺，如提供(offer)、承诺(commit)等。

第四，表达类，即发话人对某一话题进行陈述时表达自己的内心状态，如感谢(thank)、痛惜(deplore)等。

第五，宣告类，即发话人所表达的命题内容与现实的一致性，如辞去(resign)、宣告(declare)等。

③间接言语行为。使用间接的方式表达言语行为的话语就是间接施为句，也就是间接言语行为。[①] 在某些情况下，当发话人不能直接选择施为动词时，其就会采取间接言语行为手段实现自己的交际行为和目的。

2. 言语行为理论对大学英语教学的意义

在奥斯汀之前的实证哲学家都认为，句子只能用于对某种情况、某种事实加以描述与陈述，因此认为其只适用于正确或错误的价值。但是，言语行为理论明确指出话语在现实中有着行事的能力，其不仅强调发话人的主体作用，也强调听话人的反应，因此其在大学英语教学中有着重要的意义。

对于教师而言，言语行为理论的核心在于以言行事或以言成事，强调的是语言应该用于具体的实践中，语言研究的重点应该是语言运用，而不是语言形式或句法关系。这一理论为大学英语教学注入了新活力，也给予教师一些教育方法方面的启示。在具体的大学英语教学中，教师可以将言语行为理论很好地融入进去，同时转变自身的角色，从主导者转变成组织者或参与者，

① Searle, J. Indirect speech acts[A]. *Pragmatics—a Reader*[C]. S. Davis(ed.). Oxford: OUP, 1965b: 265-277.

让学生能够积极主动地参与其中。同时这一理论要求教师在授课中做到题材、体裁广泛,内容新颖,并将跨文化背景知识融入其中,这样才能更好地让学生在知识、技能以及文化素养层面有所进步。

对于学生而言,言语行为理论有助于他们的外语学习。众所周知,大学英语具有很强的实践性,大学教育的特点也是以培养能力为中心,立足于实用与能力,大学英语教学培养出的学生也必须符合社会的需要。而言语行为理论恰好与之相符,以这一理论为指导,学生能不断参与实践,在实践中求得进步,充分调动自身的主观能动性。

二、语言学习理论

教学策略与手段的诞生都离不开语言学习理论的指导。也就是说,语言学习理论直接影响着教学策略与手段的形成与选择。下面就对如下几种学习理论展开具体分析与论述。

(一)二语习得理论

心理语言学除了对第一语言习得十分关注,对第二语言习得也非常重视。所谓二语习得,是指人们第二语言的形成与发展的过程,其与二语学习有所不同,各有侧重。

1. 二语习得理论简述

二语习得理论形成于 20 世纪六七十年代,主要对二语习得的过程与本质进行研究,描述学生如何对第二语言进行获取与解释。对于这一理论的研究,学者克拉申做出了巨大贡献,并提出五大假说。①

(1)习得—学得假说。所谓习得,是指学生不自觉地、无意识地对语言进行学习的过程。所谓学得,是指学生自觉地、有意

① 何广铿.英语教学法教程:理论与实践[M].广州:暨南大学出版社,2011:81-84.

识地对语言进行学习的过程。“习得”与“学得”的区别如表1-1所示。

表1-1 语言习得与学得的不同

	习得	学得
输入	自然输入	刻意地获得语言知识
侧重	语言的流畅性	语言的准确性
形式	与儿童的第一语言习得类似	重视文法知识的学习
内容	知识是无形的	知识是有形的
学习过程	无意识的、自然的	有意识的、正式的

(资料来源:何广铿,2011)

(2)自然顺序假说。克拉申提出的这一假说主要强调语言结构的习得是需要一定顺序的,即根据特定的顺序来习得语法规则与结构。

例如,克拉申常引用的词素习得顺序如图1-2所示。

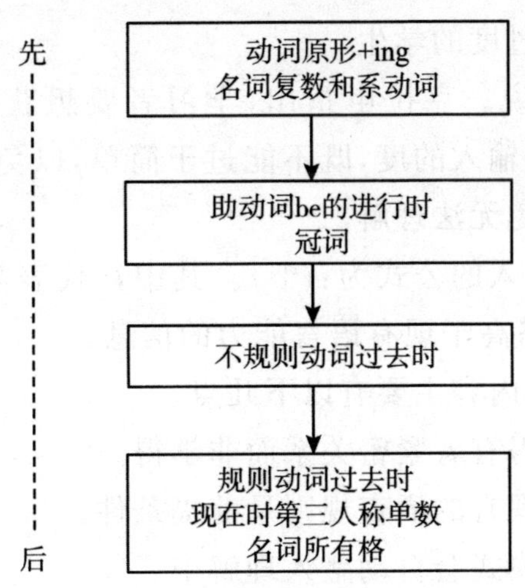

图1-2 词素习得顺序图

(资料来源:何广铿,2011)

由图 1-2 可知，在英语习得过程中，人们对进行时的掌握是最早的，对过去时的掌握是比较晚的；对名词复数的掌握是比较早的，对名词所有格的掌握是比较晚的。

(3)监控假说。克拉申的监控假说区分了习得与学得的作用。习得主要用于输出语言，对自己的语感加以培养，在交际中能够有效运用语言。学得主要用于对语言进行监控，从而检测出是否运用了恰当的语言。

同时，克拉申认为学得的监控是有限的，受一些条件的影响和制约，具体归纳为如下三点。

第一，需要充裕的时间。

第二，需要关注语言形式，而不是语言意义。

第三，需要了解和把握语言规则。

在这些条件的制约下，克拉申根据监控力度的不同将学生划分为以下三种类型。

第一，监控不足的学生。

第二，监控适中的学生。

第三，监控过度的学生。

(4)输入假说。克拉申指出，学习者要想获得“可理解性输入”，就要把握好输入的度，既不能过于简单，以免无法突破，也不能过于困难，以免无法理解。

可理解性输入的公式为：i+1。其中，i 代表学习者现有的语言能力，1 代表略高于现有语言能力的信息。

输入假说的内容主要有以下几点。

其一，与习得有着紧密关系而非学得。

其二，掌握现有的语言规则是前提条件。

其三，i+1 模式会自动融入理解中。

其四，语言能力是自然形成的。

(5)情感过滤假说。克拉申的情感过滤假说是指在第二语言习得中，将情感纳入其中。也就是说，自尊心、动机等情感因素会对二语习得产生较大影响。

2. 二语习得理论对大学英语教学的意义

二语习得理论与大学英语教学都涉及新语言的产生与该语言能力发展中的一系列问题，因此二语习得理论与大学英语教学有着相通之处。在大学英语教学改革中，二语习得理论能够对大学英语教学过程加以指导，从而改革大学英语教学方法，提高大学英语教学质量。在具体的大学英语教学改革过程中，需要进行整体转换，变革教育主体，激发学生学习的兴趣与积极性。另外，教师需要创设情境，保持师生之间、生生之间的交流与互动。

大学英语教学改革的推进离不开对二语习得理论的认识，但是在实施过程中也不能全部将二语习得机制运用到英语教育中，应该从我国国情考量，以英语教育的理论与原则为本，以教师、学生、教学环境等为出发点，制订合理的教育目标与内容，使课堂结构得到创新与优化。

(1)二语习得理论对外语能力发展方式的启示。语言能力发展一直是二语习得研究中的重要命题。自 20 世纪 60 年代以来，学界就试图回答如下几个问题。

其一，外语能力是什么？

其二，外语能力是如何发展的？

其三，外语能力发展的特点什么？

其四，哪些因素导致了外语能力的发展？

经过几十年的发展，学界对于这个问题有了大致的结论：对于在课堂环境中的外语学习者而言，其外语能力要得到发展，通常需要具备以下几个条件。

其一，外语学习中必须有足够的可理解性输入。克拉申认为，外语能力的发展需要具备两个必要条件：一个条件是学习者内在的语言学习机制，这明显受到了乔姆斯基的“语言天生论”的影响；另一个条件是要有充足的可理解性输入，并且他认为这是学习者获得语言知识的唯一方式。当然，对于克拉申而言，语言输入并不是随机的、无序的，因为粗调输入(roughly tuned input)

对于学习者而言可能太难或者太容易，进而会影响学习者的外语发展。

所以，合适的语言输入需要充分考虑并切合学习者当前的语言认知水平，并且遵循自然语言习得顺序。他假设学习者当前的语言水平为i，那么可理解性输入水平就被定义为"i+1"。通俗来说，可理解性输入就是指"学习者垫垫脚就能够得着"的输入，是一种精调输入(finely-tuned input)。

虽然克拉申的理论针对的是在目的语环境下的第二语言的自然习得，但是其对于外语环境下的语言学习同样具有重要的意义，对外语教学和学习有很多启示。例如，外语教学中要重视学习者的现有认知水平，在教学材料的选择上要充分予以考虑；外语教学应该充分遵循循序渐进的原则，这符合一般的教育学和心理学原则。

其二，语言能力的发展必须以语言使用为前提。语言能力的发展必须以语言使用为前提，语言输出为语言能力的发展提供了强大的驱动力。语言输出并非语言学习的结果，而是语言学习的过程。要使学习者成功地习得语言，仅仅依靠语言输入是不够的，还要使学习者进行大量的语言输出练习(pushed output)，这便是学者斯温(Swain)所提出的可理解性输出(comprehensible output)。

不难看出，这是对可理解性输入的有效补充，斯温并未否定语言输入对于二语习得的重要作用，她只是认为可理解性输出是对前者的重要补充，在学习者的外语学习中扮演着重要角色。

语言输出的各种功能也得到了大量实证研究的支持。虽然语言输出在语言能力发展中的重要性无可厚非，但是语言能力发展的驱动力可能不止这些，还有其他的因素在发挥作用，意义协商便是其中之一。

其三，语言使用必须基于交际。语言使用必须基于交际，以意义为导向，并且语言使用者有足够的注意力关注语言形式。因为只有在语言使用中，才能真正地实现语言的形式、意义和功能的有效整合,才能真正促成语言能力的发展。语言使用要以意义为导向,就必须有大量的互动。互动的形式可以多种多样,可以在同伴间进行,也可以在师生间开展。

在语言输出的过程中实现了互动,学习者就能进行意义协商,促发互动调整,有效地把输入、学习者的内在能力尤其是选择性注意和输出三者联系起来。通过协商,学习者会注意到自己的语言知识和目的语语言知识之间的差异,清楚自己语言知识的欠缺和不足。可以说,意义协商启动学习的发生,接下来的语言输入是学习者语言知识内化的必要条件,进一步确认或者拒绝先前的语言假设。同时,通过意义协商,语言教学过程能够实现重形式教学(focus on form),即在意义先导的情况下,将学习者的注意力转移到语言形式上,在交际中学习和内化语言形式,实现语言形式、功能和意义的结合,促进语言能力的发展。

其四,语言能力的发展需要大量的负面证据。语言能力的发展需要大量的负面证据(negative evidence),需要外界的反馈(feedback)和提醒。外语能力的发展绝非一蹴而就、一帆风顺的。学习者从一开始便是磕磕绊绊,不断地在试验自己的语言假设,可以说语言能力发展就是学习者不断确认和否定自己语言假设的过程,而在这个过程中,反馈的作用无可取代。当学习者在语言使用的过程中出现错误时,同伴或教师如果能够及时给予提醒或更正,将有助于学习者在实现交际功能时关注自己的语言形式,注意到自己的语言形式与目的语语言形式的差异,实现语言知识的内化。

对于反馈作用的认识是伴随互动假说而生的,近30年来一直是二语习得研究的热门话题。相对而言,口语反馈的作用已经得到了认可:大量的研究表明,在外语学习者进行口语交际的过程中,采用恰当的反馈形式,如重铸(recast)、请求重复等手段,可以显著提升学习者的语言表达能力,并促进语言习得。对于书面语反馈,仍然存在争议,争议的焦点在于书面反馈对于提升学习者的写作能力和促进二语习得是否存在作用。

虽然多数研究表明，采用恰当的书面反馈形式，如“间接标示错误＋适当解释”能够促使学习者注意到问题所在，并改善后续书面写作的准确性，促发二语习得。但是由于研究方法论上的问题以及研究设计中的可重复性问题，这一结构还是受到了挑战。这个争论仅仅存在于研究层面，在现实的教学层面，它几乎不存在。我们可以得出这样的结论，即适当的反馈能够将学习者的注意力聚焦于某些特定的语言形式，促进其语言能力的发展。

除了上述四个因素以外，语言教育学界对于语言能力发展也有一些其他的重要结论，如语块在语言习得中发挥重要作用，甚至有学者依此提出基于语言使用的语言习得观（usage-based language acquisition）。还有学者指出语言习得包括两个部分：一部分是分析性习得，另一部分是整体性习得。也有学者认为，语言能力的发展存在巨大的个体差异，语言学能、情感态度、动机、母语水平等都影响语言能力的发展。

总之，由于外语学科的特性，相比其他学科而言，外语学习在认知上的挑战不大；外语学习或教学中的认知成分只是为了更好地促进外语学习者语言能力的发展。根据最新的学习理论，外语学习的认知目标不再局限在知识、技能上，语言能力作为一项综合性能力，得到了更为宏观的定义。

（2）二语习得理论对英语情感态度发展的启示。众所周知，人类既具备认知能力，也具备情感能力。学习者在外语学习过程中会受到诸多情感因素的影响，这是不言自明的。但是长久以来，语言学习的认知方面颇受重视，而情感学习频频受到误解。例如，早期对于学习者焦虑的研究，主要聚焦于教师的教学对于学习者的影响，把教师职业素养的缺失当成学习者焦虑的来源；后来，对于情感的考虑又变成了动机和思想品德的混合物，如我国的课程标准明确把情感态度定义为动机、祖国意识和国际视野等。造成误解的一个原因便在于情感因素是一组复杂的心理因素的组合体，具有不确定性和易变性。有学者认为，情感状态的易变性和个体性使人们不易系统地研究它在第二语言习得中的作用。就外语学习和教学中的情感问题而言,人们至少在以下几点上的看法是一致的。

第一,学习者对待外语学习的态度有积极和消极之分。

第二,外语学习的体验会影响学习者的态度和投入。

第三,外语课程结束时,学习的经历必然会给学习者留下某种相对持久的情感反应。

众所周知,有些情感因素是积极的、理想的,有些情感因素则是消极的、不理想的。既然如此,在教学过程中,教师和学生自然应该想方设法地去追求积极的、理想的结果,极力避免消极的、不理想的结果。从这个意义上讲,那些积极的、健康的、理想的情感作用结果正是教学所要追求的情感目标。因此,将情感培养作为外语教学的目标之一,不仅有教育学、人文主义心理学(Humanistic Psychology)的理论基础,而且是培养综合素质人才的客观需要。一方面,学习要靠人来完成,解决不好人的情感问题,语言学习是不可能取得成功的;另一方面,教育的作用不仅仅局限于能力的训练和技能的学习,培养积极、健康的情感涉及人的全面发展,在某种意义上似乎比知识的传授更重要。

那么究竟什么是外语学习和教学中的情感呢?情感具有普遍性,易于感觉而难以定义。在日常生活中,人们也会经常谈及个人情感,所以广义的情感是指制约行为的感情、感觉、心情、态度等。但是具体到外语学习和教学中,所谈及的情感主要有动机(motivation)、焦虑(anxiety)、抑制(inhibition)、外向/内向(extroversion/introversion)以及自尊(self-esteem)等。

情感态度在外语学习中发挥着重要的作用。情感态度是外语学习的动力源泉。情感态度也会随着外语水平的提升而不断得到增强。从认知心理学的角度来说,情感之所以作用于外语学习,主要是因为其与人类的记忆有着千丝万缕的联系。具体来说,人类的情感与记忆的关系包括以下几个方面。

第一,情感信息和其他信息存在于相同的记忆网络,情感信息甚至可能是其他信息得以组织的基础。

第二,情感信息可能从长期记忆中唤起其他信息,而这些信息可能在记忆工作区形成杂乱的信息单位,消耗记忆处理能力和空间,妨碍人们有效处理自己感兴趣的信息。

第三,反馈的情感信息影响长期记忆网络的形成与重构。

第四,情感对启动语言的有意回放非常重要,对语言的无意回放也有作用。

第五,即使在信息已稳存长期记忆中后,情感仍然可能干扰信息提取的能力。

可见,情感态度在外语学习中发挥着重要作用,外语教学理所当然要强调情感学习。因此,我国的英语课程标准在各个级别中设定了英语学习中的情感目标,这体现了对情感学习的重视,从历史的角度来看,这是一个巨大的进步。

虽然情感学习非常重要,但是在实际的教学过程中不能误解甚至曲解情感的性质与作用,需要用科学、客观的态度审视外语学习中的情感态度问题。

第一,外语教学所关心的情感态度与日常生活中谈及的道德迥异,所以不宜夸大外语教学对于学习者的道德培养的作用。学习者的道德情操是在日常生活的点点滴滴中积累起来的,并不是外语教学的直接结果。当然外语教师应以身作则,以自己的实际言行影响学习者,但这并不意味着外语教学本身的效用。换句话说,外语教学中的情感态度只是作用于学习者的语言学习,外语教学本身无力去发展学生的道德情操。

第二,情感是一个整体,与学习密不可分。这一特性意味着不宜将情感态度分级,并以此来评估学习者。不能说低年级的学习者在情感态度上就弱于高年级的学习者,实际上往往相反。此外,情感态度是一个动态且易变的概念,也正因为如此教学才有了空间,设定情感目标也有理论基础。本质上来说,真正重要的是情感态度发展的过程,而不是结果。学习者正是在这个过程中获取了语言能力发展的动力。所以，在外语教学过程中，不宜静态地、刻板地看待学习者的情感态度。

影响外语学习的情感因素有很多，其中最为重要的两个是动机和焦虑。动机研究最初始于教育心理学，是指学生为了满足某学习愿望所做出的努力。二语习得学者和外语教学界从20世纪70年代开始逐步深入研究动机对于外语学习的影响，我国外语学界则是从20世纪80年代才开始引入动机这一概念，但真正的实证研究是从20世纪90年代才开始逐步展开的。

通常，学习者的动机程度和其学业水平是高度相关的；后来，甚至有研究在二者之间建立了因果关系模型。动机可以有不同的分类方法。一般认为，动机可以分为两类，即工具型动机和融入型动机。前者指学习者的功能性目标，如通过某项考试或找工作；后者指学习者有与目的语文化群体结合的愿望。

除了以上两类，还有结果型动机（即源于成功学习的动机）、任务型动机（即学习者执行不同任务时体会到的兴趣）、控他欲动机（即学习语言的愿望源自对付和控制目的语的本族语者）。对于中国学习者而言，证书动机是主要动机。

学生的学习动机是可塑的；激发学生内在动机是搞好外语教学的重要环节；个人学习动机是社会文化因素的结果。这个发现适用于中国各个层次的英语学习者，也可以解释国内近些年来的英语“考证热”。值得一提的是，无论是工具型动机，还是融入型动机，都会对外语学习产生重要的影响，所以动机类型并不那么重要，重要的是学习者动机的水平。

此外，也有学者将动机分为内在动机和外在动机。内在动机（intrinsic motivation）是指学习者发自内心对于语言学习的热爱，为了学习外语而学习外语；外在动机（extrinsic motivation）则是由于受到外在事物的影响，学习者受到诸如奖励、升学、就业等因素的驱动而付出努力。这一分类与上述分类有相似之处，但是不可以将它们等同，它们是从不同方面考察动机这一抽象概念的。

对待动机这一问题时应该注意：动机种类多样，构成一个连续体，单一的分类显得过于简化；另外，动机呈现出显著的动态特征，学习者的动机类型可能随着环境与语言水平的变化而发生变化，如一个学习者最初表现出强烈的工具型动机，认为学好英语是考上大学、找到好工作的前提，但是随着其英语水平的不断提升，他开始逐渐接受英语及其附带的文化，想要去国外读书甚至是移民英语国家，这时他的动机类型就变为融入型动机了。

近年来国内对于动机的研究表明，中国英语学习者的动机类型以工具型动机为主，而且动机与学习策略、观念之间的关系较为稳定。另外，学习成绩与动机水平之间呈现高度相关性。这些研究发现对于外语教学具有启示作用：外语教学应该重视对学生动机的培养，培养方式可以多种多样，如开展多样的英语活动，提高课堂的趣味性，鼓励学生进行课外阅读等。

焦虑是影响语言学习的又一重要情感因素，是指一种模糊的不安感，与失意、自我怀疑、忧虑、紧张等不良感觉有关。语言焦虑的表现多种多样，主要有回避（装出粗心的样子、迟到、早退等），肢体动作（玩弄文具、扭动身体等），身体不适（腿部抖动、声音发颤等）以及其他迹象（回避社交、不敢正视他人等）。这些是学习者在学习过程中，尤其是在课堂环境中常出现的情况。

学习者在语言课堂上担心自己能否被他人接受、能否跟上进度、能否完成学习任务，这种担心便成了焦虑的来源。焦虑可以分为三类，即气质型、一次型和情景型。气质型焦虑是学习者性格的一部分，也更为持久。这类学习者不仅在语言课堂上存在焦虑，在日常生活中的很多场合都会表现出不安、紧张等情绪。一次型焦虑是一种即时性的焦虑表现，持续时间短，并且影响较小，它是气质型和情景型焦虑结合的产物。语言学习中更为常见的是情景型焦虑，这是由于具体的事情或场合引发的焦虑，如考试、课堂发言、公开演讲等。

可以说，焦虑是一种正常的心理现象，任何个体都存在一定程度的焦虑，外语学习者自然不会例外。产生焦虑的原因也会多种多样，但是总结起来无非有以下几点。首先，学习者的竞争心理与生俱来，学习者一旦发现自己在与同伴的竞争中处于劣势，便容易产生焦虑不安的心理。其次，焦虑心理也与文化冲击有关。外语课堂上传授的文化知识对于母语文化本身便是一种冲击，学习者也会因为担心失去自我、失去个性而产生焦虑。总体而言，焦虑会表现为用外语交流时不够流畅、不愿用外语交流、沉默、害怕考试等。

长久以来，焦虑一直被视为外语学习的一个障碍，这是一种误解，是对焦虑作用的误读。焦虑最初是运动心理学的重要研究内容，研究将运动员按照焦虑水平分为三类，即低气质型焦虑、中气质型焦虑和高气质型焦虑，然后比较三类运动员的运动成绩，结果发现中等气质型焦虑的运动员成绩最好。

可见，焦虑也是有积极的促进作用的。后来焦虑成为教育心理学的研究对象，发现了同样的规律。焦虑就其作用而言可以分成两大类：促进型和妨碍型。前者激发学习者克服困难，挑战新的学习任务，努力克服焦虑感觉；而后者导致学习者用逃避学习任务的方式来回避焦虑的根源。

这种划分方式有一定的道理，也获得了部分研究的证实，但是我们应该明确焦虑并不是非此即彼的。焦虑之所以会产生不同的作用主要是因为焦虑程度的问题：过高的焦虑会耗费学习者本来可以用于记忆和思考的精力，从而造成课堂表现差、学习成绩欠佳；而适当的焦虑会促使学习者集中自己的注意力资源，汇聚自己的精力，从而构成学习的强大动力。

但是焦虑水平的测量现在还是一个难题，虽然已有一些研究工具，如外语课堂焦虑量表（Foreign Language Classroom Anxiety Scale，FLCAS）[①]，但是最新的研究表明该量表实际测量的是学习者的语言技能和学习技能自我效能的个体差异，并不是二语学习的焦虑。

---

① Sparks，R. L. & Patton，J. Relationship of L1 skills and L2 aptitude to L2 anxiety on the foreign language classroom anxiety scale[J]. *Language Learning*，2013，(4)：870-895.

因此,在外语教学中,应区别对待学生的焦虑。焦虑水平过高的学生需要疏导,晓之以理,并通过日常细微的成绩变化来逐步缓解他们紧张的心理状态,化压力为动力;同时,要让学生知道适度焦虑的益处,外语学习中需要有一定的紧迫感,一定水平的焦虑有助于外语水平的提高。情感学习是外语学习的重要组成部分,情感学习与内容学习互为补充,相得益彰。所以,完整的外语学习和教学理论应该既重视学生的认知发展,也关注学生的情感发展。情感发展是认知发展的基础,是长久发展的动力源泉。

(二)语言输出理论

语言学习者不仅需要接触大量的可理解性输入,更需要可理解性输出,以提高语言表达的流利性、准确性和得体性。学习者必须不断地输入与输出,不断地练习,才能更加自信地运用语言。

1. 语言输出理论简述

语言的输入和输出涉及不同的认知过程:输出时,学习者需要比输入时更深入地了解语言信息,要付出更多的认知努力;输入时,学习者主要理解语言信息的意义,甚至他们可以在没有理解的情况下,假装已经理解,但在输出时,学习者必须注意语言的形式和内容,以检验自己的语言知识和语言能力。总之,理解输入时,学习者的主要任务是语义理解;输出语言时,学习者不仅要考虑交际意图,更要处理语法规则,以表达自己的意图,因而语言输出有助于学习者学习和内化目标语的词法和句法。

输出假说的提出源于 20 世纪 70 年代在加拿大推行的法语沉浸式教学。在沉浸式教学中,法语是教学语言,学生可以得到十分丰富的可理解性输入。但研究发现,以英语为母语的沉浸班学生的听力和阅读理解能力与以法语为母语的学生相当,但他们的口语和写作能力远不及后者。斯温认为,出现这一现象主要是因为沉浸班的学生缺乏语言输出的练习,语言学习仅仅停留在信息理解的程度上,不能最大限度地运用他们的语言资源，充分发挥语言能力，以提高语言输出的可理解性和准确性。①

2. 语言输出理论对大学英语教学的意义

语言输出在语言学习中发挥着如下几点作用。

(1)引起学生对目的语的注意。输出发挥作用的重要前提是学生必须有足够的认知资源来完成对语言形式和意义的注意。注意是学生进行信息处理的一个必要条件，也是将语言学习中的输入(input)转化成吸收(intake)的前提条件。学生要想学习某一目标语语言形式，只有当这个形式存在于可理解性的输入中，并且学生注意到了这个语言形式的存在。学生在进行语言输出时，既要注意语言的意义，又要注意语言的形式。对语言形式的关注至关重要。没有对语言形式有意识的关注，学生就不可能对自己的语言进行分析。在语言输出时，学生可能会遇到一些语言表达的困难，这时他们往往会注意到已有的语言知识与目的语表达形式之间存在着差距。可以说，语言输出活动让学生有意识地认识到自己的语言问题，这种意识促使他们注意到自己尚未掌握的语言知识，并在口语和写作中练习有意识地去学习和掌握这些知识。

学生的注意力资源是有限的，对于初学者来讲，语言的形式和意义不能兼顾。当学生的语言知识和能力达到一定水平时，他们的注意力才得到合理分配，这时他们既可以提高语言产出的准确性，又可以促进对语言知识的内化。总之，语言输出可以增强学生语言知识差距的意识，可以激发他们语言学习的认知过程，如学习策略等，帮助他们学习和掌握新的语言知识，巩固已有的知识。

(2)有助于学生对目的语进行假设检验。英语学习是学生对目的语不断做出假设，并对假设不断检验和修订的过程。语言输出为学生提供了机会，他们可以尝试用各种方式表达自己的意图

① Swain, M. Output Hypothesis: Its History and Its Future[J]. *Foreign Language Teaching and Research*, 2008, (1): 45.

并检验对目的语的假设是否正确。假设检验的前提是互动和反馈,互动可以是学生和本族语者之间的互动,也可以是学生和教师或其他学生之间的互动。反馈的作用在于学生可以得知自己的话语是否被理解,是否正确。当听话者表明他没有完全理解学生的意思,要求学生进一步解释或明确其本意时,这种反馈会给学生提供机会来修改最初的输出,尝试新的结构和形式,创造性地开发中介语资源,使其输出具有可理解性。反馈的方式可以是检验自己的理解是否正确或者请求说话者说明其话语内容,也可以是含蓄或直截了当地纠正。通过反馈,学生放弃不正确的假设,进行新的、正确的假设。

(3)增强流利性。流利性和准确性是语言交际不可或缺的两个方面。流利性是从控制性处理发展到自动化处理的结果,是自动化处理的标志。在信息处理过程中,一些认知过程需要大量的时间和认知资源,而另一些认识过程是常规的、自动化的,需要较少的时间和认知资源。因此,当所要表达的意义与语言结构之间形成一致的规律性的映射时,表达的流利性就会提高。在某一层次上达到流利性可以使学生的注意力资源用于更高层次上的信息加工。学生在语言使用中巩固已存储的知识,培养语言处理自动化能力,从而增强表达的流利性。

(4)生成更好的输入。互动中学生的语言输出对对方来说是一种反馈,让对方更加了解学生的交际意图和语言能力,这样对方可以调整自己的语言表达,有利于学生的理解。语言输出是为了获得更理想的语言输入。在互动活动中,当交际受阻时,学生与对方进行意义协商,对方根据学生的反馈,在遣词造句、内容表达方面都会考虑学生当前的水平。这样,学生可以获得可理解性的输入,有助于学生内化相关的语言知识。

(5)迫使学生进行句法处理。语言输出比语言理解更为复杂,更具有挑战性。很多学生有很强的语言理解能力,但他们的语言表达能力几乎为零。除了语音、语调问题,更糟糕的是他们说出的话语语法结构混乱,错误连篇,很难让人理解。其主要原因是他们没有输出练习的机会。语言输出时,学生必须考虑使用语法结构来表达自己的交际意图,也许他们的词法、句法会有这样或那样的错误,但是他们会根据对方的反馈或随着自己语言知识的增长,不断地改进。语言输出需要经历四个阶段:形成交际意图、构思语言结构、发话行为、自我监控。学生一旦有了需要传递的意思,就会考虑使用什么样的语言结构将其表达出来。在说话的过程中,除了对方的反馈,学生还要自我监控,一旦发现问题,及时纠正。

(6)帮助学生提高语篇能力。语言输出并不只是简单的问答,学生在互动活动中,需要学会如何开始会话,如何转换话题、进行语轮转换、做出反馈和表达观点、使用合适的言语行为、遵守礼貌原则、协商意义,如何结束会话等。这些都是在口语交际中必须具备的语篇能力。会话规则不仅能帮助学生学习目的语,而且能帮助学生熟悉目的语人群说话的方式。英语口语能力包括语言形式、语言内容、交际规则等内容。语言形式指语音语调、词汇、语法知识以及运用这些知识的能力。语言内容既包括百科知识和经验,又包括组织和运用知识及经验说明问题的能力。交际规则包括通用交际规则和跨文化规则。

(7)有利于学生学会表达自我。语言是交际的工具。语言具有传递信息和表达情感、态度、思想的功能。英语也不例外。在语言输出过程中,学生学会用目的语来表达自己的观点和情感,在会话中让他人聆听自己的心声,可以成为会话的主导者。当学生能够使用英语表达自己的思想和情感时,他们会有一种成就感。

(三)行为主义学习理论

行为主义学习理论源于著名生理学家巴甫洛夫(Ivan Pavlov)的“条件反射”这一概念。受巴甫洛夫的影响,很多学者对行为主义理论展开分析和探讨,其中重要的学者主要有如下两位。行为主义学习理论的观点对语言教育提供了重要的指导。

1. 行为主义学习理论简述

美国著名的心理学家约翰·布罗德斯·华生(John Broadus Watson)创立了行为主义学习理论。20世纪初期,他提出了采用客观手段对那些可以直接观察到的行为进行研究与分析。① 在他看来,人与动物是一样的,任何复杂的行为都会受外界因素的制约与影响,并需要通过学习才能获得某一行为,当然在这之中,一个共同的因素——刺激与反应是必然存在的。基于此,华生提出了著名的"刺激—反应"理论,这一行为主义心理学公式可以表示如下。

S—R,即 Stimulus—Response

美国学者斯金纳(Skinner)在华生行为主义学习理论的基础上进行了深入的研究与探讨。在斯金纳看来,人们的言语及言语中的内容往往会受到某些刺激,这些刺激可能来自内部的刺激,也可能来自外部的刺激。通过不断重复刺激,会使其效果得到强化,使得人们学会合理利用语言相对应的形式。② 在这其中,"重复"是不可忽视的。斯金纳的行为主义学习模式可以总结为图 1-3。

行为主义学习理论在美国占据了较长时间的主导地位,其对于当前的教学也有着重要作用。例如,在行为主义学习理论的指导下,学习者为了获得表扬,往往会继续某种行为;或者学习者为了避免惩罚,往往会终止某种行为,这些都是行为主义学习理论在学习中的典型表现。

2. 行为主义学习理论对大学英语教学的意义

对于大学英语教学而言,行为主义学习理论有着重要的指导意义。具体而言,主要体现为如下几点。

(1)即时反应,即出现在刺激之后的反应,如果二者间隔的时间较长,反应就会逐渐淡化。

---

① 何广铿.英语教学法教程:理论与实践[M].广州:暨南大学出版社,2011:78.

② Richards,J. C. & Rodgers,T. S. *Approaches and Methods in Language Teaching*[M]. Cambridge:CUP,2001:57.

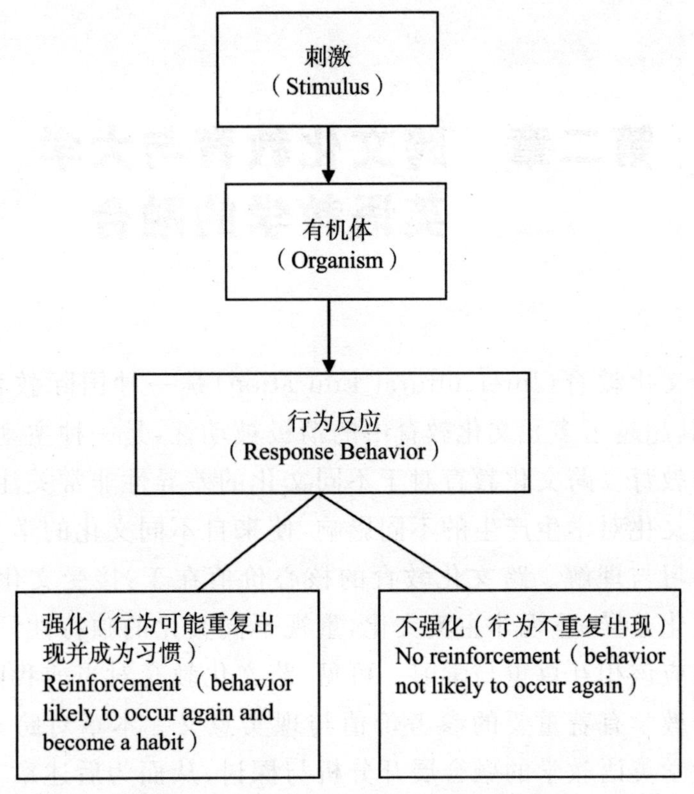

图 1-3　斯金纳的行为主义学习模式

（资料来源：何广铿，2011）

（2）注重重复，即通过重复，学生能够加深对知识的记忆程度，从而使行为发生得更为持久。

（3）注意反馈，即教师应该让学生明确反应是正确的还是错误的，然后给出具体的反馈。

（4）逐步减少提示，即教师逐步减少学生的学习条件，然后让学生的反应朝向理想的程度发展。

总之，行为主义学习理论促进了视听教学、程序教学及早期CAI的发展。但是，行为主义学习理论也存在着一些缺点：它是对人类学习的内在心理机制的完全否定，将动物实验的结果直接生搬硬套地用于人类学习中，忽视了人类能够发生主观能动作用，其实是走向了环境决定论和机械主义的错误方向。

第二章　跨文化教育与大学英语教学的融合

跨文化教育（Intercultural Education）是一种国际教育的新思潮，其超越了多元文化教育中的消极被动性，是一种主动性、互动性的教育。跨文化教育对于不同文化的差异性非常关注，并研究不同文化对学生产生的不同影响，使来自不同文化的学生能够相互学习与理解。跨文化教育的核心价值在于：接受文化差异，欣赏文化差异，重视非主流文化，重视不同文化的独特性，不同文化之间应该相互尊重与学习。可见，跨文化教育对当前我国的大学英语教学有着重要的参考价值与现实意义。本章对跨文化教育与大学英语教学的融合展开分析与探讨，从而为后述章节内容的展开做铺垫。

第一节　跨文化教育的产生与发展

跨文化教育是20世纪后期世界教育民主化发展的一种重要趋势。进入21世纪，跨文化教育与实现民主平等的全面教育目标相符，因此成为国际教育的热点话题。

随着全球化的推进，世界各国联系日益紧密，如何对待不同民族的不同文化是当今世界各个国家的一个巨大问题与挑战。随着世界逐步迈向民主化，世界上各个国家倡导不同国家之间应该平等交往，各种文化之间应该相互理解与尊重，这正是跨文化教育的要求与任务。本节就对跨文化教育的产生与发展问题展开分析。

一、跨文化教育的兴起与发展历程

跨文化教育历史悠久，从古至今，世界上各个国家开展了不同方式与程度的交往，如国家间的旅游、访问、留学等。事实上，这些都属于跨文化教育实践。

世界上不同文化之间的相互交流与合作，促进了各国文化的发展。但需要指出的是，受各种因素的影响，文化差异必然存在，从而导致隔阂与冲突的产生。为了保证各国家、各民族之间的文化能够相互学习与理解，就必然需要进行跨文化教育。

跨文化教育是一个新兴领域，产生于1960年前后。在这一时期，世界上移民国家众多，移民的存在引起了很多社会问题。最初，移民国家更加关注移民如何在当地的环境下生存，随着时代的发展，他们开始关注文化的交融，并开始分析为何会出现文化变迁、文化融合后的消失现象等。之后，跨文化教育理论诞生，如文化同化论、文化变迁论、文化融合论、跨文化交流论、多元文化教育论等。

跨文化教育作为一种国际教育思潮，诞生于1990年，这是在联合国教科文组织的辅助下形成的。

从1980年开始，联合国教科文组织就对教育与文化的关系进行研究，尤其是教育对文化的作用。之后，联合国教科文组织开展了各项活动，并提倡为青少年儿童编写合适的教材，帮助他们了解不同文化所代表的意义及不同的生活方式。

到20世纪90年代，在联合国教科文组织的不断推动下，跨文化教育的理念更加明确，也得到了世界各国的认同，其中联合国教科文组织召开的第43界国际教育大会起着十分重要的作用。这次大会的主题为“教育对文化发展的贡献”，并发布了《教育对文化发展的贡献》这一纲领性文件，其主要宣扬了跨文化教育，并促进了世界各国跨文化教育的发展，具体来说表现为如下几点。[①]

(1)明确人的全面发展的作用,并指出应该通过广泛的接触与教育来促进人的全面发展。

(2)明确指出普及教育、传播文化是联合国教科文组织的目标,以保证各国之间的文化多样性与文化独立性。

(3)明确每个人都有权利参与文化与艺术活动,享受文化生活。

(4)重视通过不同文化之间的有效对话与交流,来丰富各种文化的特性,促进国际理解与合作。

(5)明确教育与文化的关系,尤其是教育对文化的作用。

(6)明确跨文化教育的相关概念,认为跨文化教育的目的在于尊重文化、理解文化多样性。

(7)界定跨文化教育的范畴,不仅将某些学科的教学活动容纳进去,还将所有学科教学系统、学校系统、媒体、家庭等容纳进去。

(8)倡导学校必须与社会环境相结合,逐渐构筑一个有效的对话场所,并逐渐扩大学生的文化视野。

(9)提出跨文化教育策略、方法,并指明教育内容、教育课程、教育语言等教育原则。

(10)呼吁构建跨文化教育质量标准,以推进跨文化教育在世界各国的进步与发展。

另外,1994 年联合国教科文组织召开的第 44 界国际教育大会也重点提出了跨文化教育,并对跨文化教育理念进行了深化。该大会将“国际理解教育”作为主题,并发表了《国际理解教育的总结与展望》这一纲领性文件。这一文件强调如下三点。[②]

(1)教育政策必须有助于人们、社会与文化之间相互理解、相互团结与宽容。

---

① 黄志成,魏晓明. 跨文化教育——国际教育新思潮[J]. 全球教育展望,2007,(11):59.

② 同上.

(2)教育必须有助于提升文化态度与文化认知,并构建和平、民主的文化价值观。

(3)教育机构应该成为一个理想的场所,即对人权要尊重与宽容,努力实现文化的多元化。

在这一文件的基础上,1996年联合国教科文组织又发布了一项专题报告——《国际理解教育:一个富有根基的理念》。这一报告指明跨文化教育的目的是保证各国文化之间的理解。

进入21世纪,联合国教科文组织为更好地推进跨文化教育,提出了跨文化教育的方针与措施。随着联合国教科文组织的推动,世界各国建立了相应的教育组织机构,这些教育组织机构推进了跨文化教育的发展。可见,在当代跨文化教育已经成为一种普遍现象,也逐渐被重视起来。

二、跨文化教育兴起与发展的背景分析

(一)文化冲击与文化冲突的存在

虽然历史上早就客观存在着不同文化之间的交往,并且这种交往已经达到了很高的水平,但不可否认的是,不同民族之间的巨大文化差异已经对不同民族产生了巨大的文化冲击。

所谓文化冲击,是指巨大的文化差异及其影响下的不适应,导致文化失落与心理失衡现象,因此又可以将其称为"文化震惊"。① 这种现象已经引发了大量的文化交际失误与民族误解,甚至导致了激烈的冲突,对相互之间的交流形成了巨大阻碍。

所谓文化冲突,是指由于文化差异的存在,导致文化价值观上的强烈对抗与尖锐的矛盾。可以看出,文化冲突产生的重要根源在于文化差异。

如果人们不了解不同文化间的差异,不了解这些差异产生的

---

① 金惠康．跨文化交际翻译续编[M]．北京:中国对外翻译出版公司,2004:48.

根源与发展的趋势，那么就会导致不同国家、民族之间的无效交往与交流，也不利于国家间的和谐发展。而跨文化教育恰好是让学生了解这些文化差异，是对这两大问题的弥补与解决。

（二）跨文化接触的日益频繁

随着人类社会与思想的进步，人类的生活更加开放，不同国家、民族的人们因生存的需要或者偶然的相遇而开始交往，并且日益频繁。于是，跨文化交际应运而生。

如果说人与人之间、家庭与家庭之间的交往是以民族化为特征的早期交往形式，那么国家与国家之间、民族与民族之间的接触则呈现了地域化或国际化的特征，进而演变成现在的全球化特征。从古至今，尤其是经济与科技发达的今天，不同民族间的交往日益紧密，而且逐渐成为国家与民族兴旺的重要一环，这也加速了跨文化教育的产生与发展。

（三）文化全球化的推动

随着各国经济的迅速发展，各国间除了政治、经济、外交、军事交往，文化交流也越来越频繁。例如，近些年“中法文化年”“中俄文化年”的创办，加深了两个国家对对方文化的了解。这些文化交流并不局限于国家交往的层面，还涉及民间交往，如文化团体的出访与学习、各国间的旅游、移民等。可见，文化之间的交往并没有停止过，文化全球化正在快速蔓延。需要注意的是，全球化对各国文化带来的影响也是不容小觑的，具体体现在以下几个方面。

1. 文化趋同

文化趋同是指不同国家或者民族通过彼此了解，理解和吸纳对方文化的一种趋势，简单来说就是不同文化间趋于融合的过程。随着科技尤其是网络技术的发展，世界变得越来越小，各个国家和民族之间频繁的交往，导致了不同民族文化彼此接纳与交融，逐渐出现了舍异趋同的文化发展前景。

对于舍异趋同这一趋势，主要有以下两层含义。

(1)在接受其他民族的一些文化传统时，会舍弃一些本国固有的、过时的、不合时宜的传统。

(2)在吸纳其他民族一些有意义、有价值的民族文化习俗时，会选择暂时忽视或者舍弃与之相对应的本民族习俗。换句话说，就是在保留本民族习俗的基础上接纳其他民族特有的优秀传统。

2. 语言交融

语言交融是指在日益频繁的国家、民族交往过程中，语言也会随之进行借鉴与吸纳的一种现象。语言交融主要体现在以下两个层面。

(1)表层交融。表层交融是指为了满足国家间交往的需要，很多人主动学习、掌握其他民族的语言，目的是能够和目的语国家的人们进行直接、无障碍的交流。

(2)深层交融。深层交融是指学习、吸收并接纳其他民族的某些词语以及特定的表达形式，而这种吸纳主要有两种类型。

第一种类型是源语中某些词语的语音和语义以目的语的语形或直接以源语语形进入目的语。这主要体现在一些词语的运用上。例如：

bikini 比基尼

salon 沙龙

气功 Qigong

叩头 kowtow

功夫 Kungfu

除此之外，英语中的 IT，WTO，OK 等都直接被引入汉语中，汉语中就出现了“IT 行业”“中国加入WTO”等常见的说法。

第二种类型是源语中的一些词语的语义直接进入目的语中。这主要是由于目的语概念缺位导致的，大多体现在格言或者习语上。例如：

armed to the teeth 武装到牙齿

Knowledge is power.

知识就是力量。

扶贫工作 anti-poverty project

希望工程 the Hope Project

另外，还存在一些更为直接和形象的表达，目的是让目的语读者更容易理解。例如：

shop talk 三句话不离本行

happy camper 心满意足

all washed up 彻底完蛋

Well begun is half done.

良好的开端是成功的一半。

3. 文化认同

随着全球经济一体化的发展，文化全球化或者说是全球文化认同已出现了破竹之势，但是全球文化认同只是文化认同的一部分。所谓文化认同，是指以实现规范求同、身份识别以及确立充足的归属感为目的，并赋予其符号与意义的过程，它在范围、层次上有不同的性质、方法以及预期效果。这主要包含两个层面的认识。

(1)文化认同的标志和重要的依据是以语言作为核心的各种文化要素。

(2)某一民族的语言与这一民族的身份归属有着必然的联系。人们可以根据早已形成的文化习俗以及面对面的活动形式来确定自己的身份。

文化认同主要包含三个层次，即家庭认同、民族认同以及全球认同。

(1)家庭认同。家庭认同是对夫妻之间和睦、父子之间同心、长幼之间尊卑有序的认同，它以传统的人伦孝悌为原则，以血缘关系、恩爱关系、共同的生活地点和环境为发生的认同基础。家庭认同是最低层次的文化认同。

(2)民族认同。民族认同是指在家庭认同的基础之上，树立更深、更高的目标，即树立以民族利益为重和为民族的未来而努力的文化认同。从血缘上来说，家庭认同仅仅是小范围的，而民族认同关系到整个民族的血缘关系，是大范围的以民族生存地点为基础的认同，并且确认民族成员的身份和归属。

(3)全球认同。全球认同是指全球范围内各个国家和民族追求幸福最大化以及效益最大化，它是为了解决人口、资源、环境等全球化危机而建立的一种共识和惯例。从层次上来说，它比民族认同还要更高、更深，是三者中的最高层次。

正是因为这些情况的存在，导致跨文化教育势在必行。

(四)跨文化交际的迅猛发展

全球范围内跨文化交际的开展，导致跨文化教育的兴起与发展，因此跨文化交际是跨文化教育得以普及的一大原因。而跨文化交际的出现也受到正负因素的影响。

1. 正面因素

正面因素包含两大层面：科技尤其是交通运输技术、通信技术的发展为跨文化交际提供了技术支持；全球经济快速发展为跨文化交际提供了物质基础。

(1)技术支持。20 世纪以来，交通运输技术迅猛发展，人们逐渐有了日益发达的交通运输手段，可以迅捷地到达各个地方。而且，随着科技的更新，高速铁路、高速公路、轻轨运输、跨海隧道、超音速飞机等交通工具得到快速发展，这使得人们出行非常便利。

交通工具与运输系统的发展，必然会不断扩大文化之间的交往，旅行的便利意味着人们有更多的机会与他国文化接触。现如今，人类的脚步逐渐迈向太空，可以预见在不久的将来，人们会开启更加振奋人心的太空翱翔时代。

除了交通运输技术的发展，通信技术也得到了迅猛发展。通信卫星、高尖端电视传送技术、数字式电信网络系统、移动电话技术等使得世界各国的人们可以随时共享信息。另外，电子计算机技术、网络技术等的发展更为惊人。

总之，现代化的交通信息技术为世界各国、各民族的人们走出国门提供了更多的条件，而以网络、电视、手机为代表的现代化通信技术为世界各国、各民族的人们进行远距离交往打下了基础。这些现代技术无疑会给跨文化交际带来便利，极大地加强了各国家、各民族之间的交往与了解，加速彼此的信息沟通与交流，从而促进全球经济与文化一体化。

(2)物质基础。不可忽视的是，科技的发展是以经济的发展为前提的，经济的繁荣昌盛为科技的发展提供了强有力的物质基础。也正是有了经济基础，人们的生活质量才能不断提高，从而有了出国旅游、享受生活等打算，甚至出现了移民的情况。可见，强有力的经济基础是跨文化交际不可或缺的物质保障。

2. 负面因素

除了正面因素，还有一些负面因素的影响，这些负面因素在一定程度上也促进了跨文化交际的迅猛发展。

(1)人口的快速增长。进入 20 世纪以来，人口基数扩大，人口急剧增加。那么人口的增长与跨文化交际有什么关系呢?

首先，最直接的关系是人口的增长会导致移民现象的加剧。人口的增加会导致穷国更穷，生活条件的恶化迫使人们不得不去他国寻求生存机会。

其次，间接的关系是人口的急剧增加引发了一系列问题，如粮食匮乏、资源短缺、环境污染、传染病流行等，这些问题属于全球性问题，需要各国之间的合作与沟通才能得以解决。

(2)粮食的短缺。当前，粮食是世界上短缺的资源之一。即便是进入 21 世纪，每天也有很多人处于饥饿状态。在这种情况下，以食品安全取代军事安全，成为许多国家的当务之急。如果不能解决食品问题，那么很多区域性、地区性的灾难就会发生，甚至会波及全球其他国家。显然，粮食问题已经成为国际性、跨文化问题。要想解决这一问题，必然需要各国之间的共同努力。

(3)自然资源与能源的短缺。众所周知，地球给人类提供的资源与能源非常有限，不可能取之不尽、用之不竭。当今世界的资源与能源问题出现了不公平性，一些大国需要消耗较多的资源，但是本国提供的远远不够；一些经济基础弱的国家有很多资源，但是并未很好地进行开发。因此，资源的短缺很容易导致不同国家之间的争端与分歧。要想解决这一问题，必然需要跨文化接触与合作。

(4)生态环境的恶化。随着人口的增加与全球经济一体化的发展，环境污染早已经跨越了地理与文化的羁绊，逐渐演变成全球性的问题，正在对人类造成威胁。环境污染的加剧必然会对人类的生存条件造成不利影响，也会造成自然资源、食品等的短缺，从而使世界上的人们为了改善生存条件，对资源进行争夺，导致各种冲突与矛盾的产生。此时，跨文化交际就表现为经济、外交等方面的冲突。但是，当前人们已经认识到资源、环境等层面的问题，认识到这些问题不仅是个人的事情，更是世界各国、各民族的事情，因此世界上各个国家不得不联起手来，共同协商与应对。可以说，全球资源与环境的保护问题需要各国人民同心协力，这也成了跨文化交际日益频繁的一个重要外因。

第二节　跨文化教育与大学英语教学的有机融合

在新的时期，跨文化教育已经成为大学英语教学中的重要组成部分。以跨文化教育为导向的大学英语教学的理论探索和实践应用也愈发成熟。本节首先分析大学英语教学的深层障碍，进而分析和探讨跨文化教育与大学英语教学融合的意义、目标与内容。

一、大学英语教学中存在的深层障碍

在当前的大学英语教学中，人们日益关注如何提高学生的跨文化交际能力。为此，很多专家学者进行了大量研究，认为学生跨文化交际能力的提高有赖于多掌握具体、形象的目的语文化背景知识，多了解中西方文化的各种差异，多参与一些与英语运用相关的活动。诚然，这种看法不能说是错误的，但这些形式从本质上而言并未涉及西方文化的核心内容。换言之，大学英语教学之所以效果不甚明显主，是因为其所遇到的深层障碍并未消除。下面就针对这方面的内容展开详细分析，主要涉及深层文化和文化定式两个方面。

(一)深层文化

深层文化又称为“软文化”“精神文化”，其核心就是人们经常提及的“价值观”。价值观决定着一个民族文化的精神实质、特征和风范。再进一步划分，价值观主要包括人权观、婚姻观、劳动观、道德观、群体观、个人观、发展观、法治观等。

1. 深层文化的界定

为了对深层文化有更深入、全面的了解，下面对文化“洋葱论”与文化“冰山论”两个观点进行说明。

所谓文化“洋葱论”，即将文化比喻为一个洋葱。该论点的内容具体如图 2-1 所示。

根据图 2-1 可知，文化的外层是一些可见部分，内层是不可见的部分，各层之间都密切相关，其中内层影响着外层，具体分析如下。(1)表层(符号，外在直观的事物)。其中，词汇、手势、声音、图像、图画等属于最外层的文化内容。(2)中层(英雄，社会规范和仪式)。这层文化主要是一些伟大人物、英雄人物，他们既可以是真实存在过的，也可以是人们想象出来的，只要是具有一定文化高度并被人们所赞扬、成为一种文化楷模即可。另外，社会生活中所进行的各种仪式，本身是一种集体行为，所有个体都要以集体的准则为活动准绳，这些同样属于中层文化的范畴。(3)核心层（价值观，存在的基本假设）。这种文化是一个民族的核心，本身具有强大的凝聚力，将民族群体凝聚在一起。可见，价值观作为文化的核心内容，被其他层次的文化内容包裹着，就如同洋葱的结构一样，这就是文化“洋葱论”的由来。

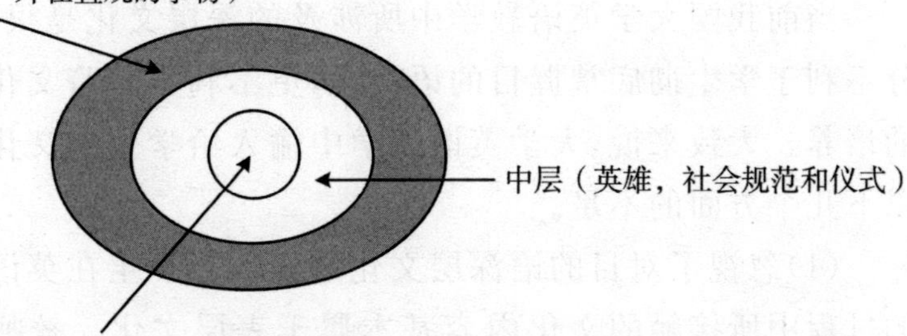

图 2-1　文化“洋葱论”

（资料来源：康莉，2014）

所谓文化“冰山论”，即将文化比喻为一座冰山。该论点的内容具体如图 2-2 所示。

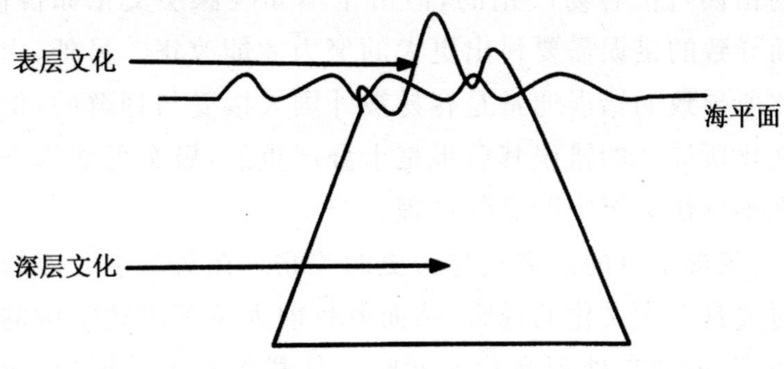

图 2-2　文化“冰山论”

（资料来源：康莉，2014）

根据图2-2可知，文化分为表层文化与深层文化，在海平面以上的、为人所看见的文化层次是表层文化，在海平面以下的、为人所看不见的文化是深层文化。

学习一种文化不仅要学习文化的表层内容，更要掌握文化的核心内容，如此才能真正地理解一种文化并展开顺利交际。

2. 大学英语教学中的深层文化

当前我国大学英语教学中所涉及的深层文化是很少的，这十分不利于学生彻底掌握目的语文化，更不利于其跨文化交际能力的培养。大致来说，大学英语教学中输入给学生的文化内容存在以下几个方面的不足。

(1)忽视了对目的语深层文化的输入。学生在英语文化教学的过程中所接触的文化内容基本属于表层文化。教师为了有效提升学生的语言、技能水平，会在平时的训练过程中为学生提供尽可能具体、形象化的文化知识，以此来实现培养他们跨文化交际能力的目的。虽然做了诸多努力，效果却不明显，导致这一现状的重要原因就是教师并未教给学生目的语文化的深层内容。

学生在进行跨文化交际的过程中难免会出现错误，来自表层文化的错误是很容易改正的，但由于不知晓深层文化如价值观、信仰而导致的错误需要付出更大的努力才能改正。另外，由于表层文化所导致的错误通常是容易被外国人接受与理解的，但由于深层文化所导致的错误其后果是十分严重的，极有可能为交际双方带来不愉快甚至中断交际进程。

(2)忽视了目的语文化与历史的关联。在对学生开展跨文化教育时要具有大文化的视野，然而就目前大学英语教学中的文化输入而言，教师在处理文化元素时是任意的和无计划的，学生也仅选择自己感兴趣的内容来学习。例如，在讲运动时为学生补充介绍美国篮球职业联赛(NBA)；在讲词语时说明中国人非常崇拜龙，但西方人眼中的龙是个怪物；在讲食品时为学生补充美式快餐；在讲节日时介绍西方的圣诞节、感恩节等。

诚然，这些内容对于学生了解目的语文化是可以起到一定作用的，对于跨文化交际能力的培养而言也是必要的。但问题在于，这些无计划、散乱的介绍割裂了文化的历史性与关联性。从宏观角度来看，在大文化观这一整体框架下，将目的语文化发展的时间设定为 z 轴，将目的语国家的共性与差异设定为 x 轴，将对目的语文化的整体认识设定为 y 轴，可得出一个图式，如图 2-3 所示。

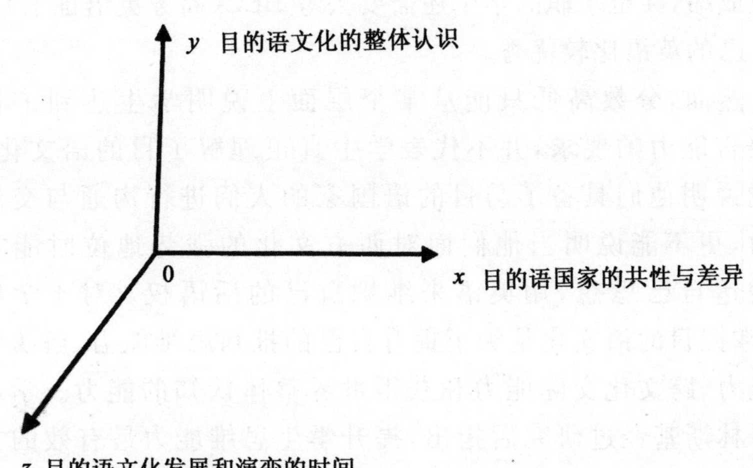

图 2-3　宏观角度大文化观的图式

（资料来源：康莉，2014）

根据图 2-3 可进行如下分析。

其一，x 轴（横坐标）。从坐标横向来看，在对学生输入目的语文化时应该充分考虑英语为母语的国家所具有的文化特色，如英国、美国、澳大利亚、加拿大等这些国家虽然都是以英语为母语，但它们各自都拥有不同的文化背景，因而需要区别对待。

其二，y 轴（纵坐标）。从坐标纵向来看，学生学习的语言是英语，所对应的目的语文化即西方文化。因此，在对学生输入文化内容时应以英语国家的文化为主，并且尽量将目的语文化放置于更为广阔的时间与空间中，如此才不至于与历史割裂。

总之，大学英语教学应该在时间、空间的大框架下开展，树立大文化的观念与看法，从整体上培养学生对文化共性与差异的认识。

(3)忽视了对目的语经典文化的阅读。虽然我国已经对教育进行了全方位的改革，但目前人们眼中优秀学生的主要判断标准依然是"分数高"，这在英语这门语言科目中也不例外。中学生英语好坏要看他的高考成绩，大学生英语好坏则要看他的英语四、六级成绩，甚至求职的学生还需要去考 BEC(商务英语证书)来证明自己的英语比较优秀。

然而，分数高低只能从某个层面上说明学生达到了目的语语言能力的要求，并不代表学生真正理解了目的语文化，也不能说明他们具备了与目的语国家的人们进行沟通与交流的能力，更不能说明当他们面对西方文化的强势地位时能客观地表达自己思想，用英语来维护自己的话语权。对于学生而言，掌握目的语文化是为了提升自己的批判思维能力、解决问题的能力、跨文化交际能力和获得世界整体认知的能力。学者苏霍姆林斯基经过研究后指出，提升学生思维能力最有效的方法就是阅读。也就是说，大学英语教学要重视学生阅读的广度与深度。

(二)文化定式

文化定式对跨文化交际产生着一定影响，因而需要对其有充分了解。下面首先来分析文化定式的形成，然后探讨大学英语教学中的文化定式。

1. 文化定式的形成

定式是对一个群体成员类别的一套夸大期望，或者是对一个成员资格群体所持的潜意识信念，是对一个身份群体过于一般化的概述，以及对其文化过于简单化的态度，而不试图去理解身份分类中的个体变化。[①] “定式”是一个中性词，该词既可以传达正面的信息，也可以传达负面的信息。定式是对一个群体十分泛化的认知，当人们使用定式来对待他人时，就意味着将这类人进行了划分，并且断言这类人都具有某些共同的特点。

大致而言，文化定式的形成源于以下几个方面的因素。

(1)个体从身边人的行为举止中习得文化定式。例如，当学生听到父母说“××控制了电影行业是十分糟糕的”，就在无形中学习了一种文化定式。

(2)个体从有限的接触中获得文化定式。例如，当遇到一个巴西来的人，这个人非常有钱，于是就认定所有巴西人都是富有的，这就是一种文化定式。

(3)个体从媒体报道中获得文化定式。例如，电影、电视中所提供的很多关于某种文化的歪曲、错误画面，就是在引导个体形成一种文化定式。

为了更准确地把握“定式”一词，这里将其与“偏见”进行区分。“偏见”本身就是一个贬义词，建立在不公正的认知和情感成见基础上，在没有预先了解的情况下去自主地判断一些人与事，带有很大的主观色彩，并且是在一种错误概括基础上表现出的反感态度。在跨文化交际中，“偏见”主要表现为：口头歧视；表现出规避态度，通常而言人都有一种本能，即避免与自己不喜欢的人交谈或接触；歧视行为。如果对某人有偏见，就会在不自觉中做出很多排斥该人的动作。

在跨文化交际过程中，对某一种文化的描述经过不断复制就形成了定式。一旦在定式中加入情感成分，定式就会发展成偏见。又因为文化定式具有稳定性，所以一旦形成文化定式与偏见后是很难改变的。学生在认知过程中很容易受大众、传播媒介的影响而形成文化定式或偏见。

① 康莉．跨文化视角下的大学英语教学：困境与突破[M]．北京：中国社会科学出版社，2014：100．

2. 大学英语教学中的文化定式

通过分析当前高校最主要的两套英语教材可以得知,教材内容几乎不涉及西方国家的选举、法治等内容,由此使学生对西方国家的政治、社会现实缺乏了解。例如,《全新版大学英语综合教程》第三册第七单元中的两篇文章,一篇介绍了一位推销员生活的艰辛,另一篇介绍了劳动工人与儿子之间的代沟。学生在学习后所了解的仅仅是西方国家劳动人民生活的不易。

由于教材、传媒等缺乏对西方国家全面、客观、真实的介绍,导致学生对其一知半解。在学习过程中所获取的零散的文化知识很容易让他们对西方国家的文化形成一种一成不变的看法,即文化定式或偏见。如此一来,学生的跨文化交际能力就难以得到有效提升。

文化会随着社会的发展而不断变化,历史时期不同,社会所体现的文化就不同。因此,在大学英语文化教学过程中必须使学生理解目的语国家或民族的深层文化,避免文化定式的形成。如果学生的思维依然停留在过去的时间段,用太过简单的思维来看待当前的西方社会文化,那么在沟通中就不可避免地会出现问题和偏差。总之,大学英语教学要让学生用辩证、发展的眼光来审视西方文化,形成自己的独立思维,促进自身跨文化交际能力的提高。

二、跨文化教育与大学英语教学融合的意义

如何将跨文化教育与大学英语教学进行精准、深度的融合?如何让学生在以后的外宣工作中对中西方文化差异有更清楚的了解?如何通过跨文化教育使学生的课堂学习更为丰富?这些问题都需要我们从本质上了解与认识跨文化教育对大学英语教学的意义。

首先，将跨文化教育融入大学英语教学中，能够丰富大学英语教学的内容，扩充学生的文化知识，包括本族文化知识、外国文化知识以及两种文化所存在的差异，培养学生的跨文化意识与能力以及对文化的敏感性，帮助学生用跨文化的思维对问题加以分析与处理，使学生树立全球化视野。

其次，将跨文化教育融入大学英语教学中，有助于培养学生对跨文化环境下与他人进行交流与合作的能力。当前，很多 1999 年或者 2000 年以后出生的孩子步入大学校园，他们的生长环境决定了他们从小就缺乏沟通与合作能力，也很难对遇到的困难加以解决。受全球化的影响和制约，这种能力的欠缺更加明显。跨文化教育与大学英语教学的融合可以不断提升这些学生的交流与合作能力，而且在提高他们沟通能力的同时可以培养他们协作处理问题的能力。

最后，将跨文化教育融入大学英语教学中，可以使学生从不同的语境出发，对自己的文化参考框架加以调整，保证交际恰当、有效地展开。单纯的语言教学能够提升学生的对外沟通能力，但是在对外交流过程中必须将不同国家的不同文化考虑进去，因此只有将跨文化教育与大学英语教学相融合，才能帮助学生在对外沟通中更好地提升自身的文化切换能力，让交际更为恰当、顺畅。

三、跨文化教育与大学英语教学融合的目标

对于不同层次的英语教学目的，可以分别用 goals，aims，objectives 三个词表达。其中，goals 是对教学目的的总体概括，是一个抽象化的描述。一般来说，只有具体分析这些抽象的目标，才能将其转化成为英语教育工作者的参考依据。这些被细化了的教学目标就是教学目的（aims）。与这些目的相伴而生的是衡量达到这些目的的标准（standards）。确定好英语教学标准与目的非常重要，因为一方面它是对总体目标的细分，是总体目标实现的衡量标准；另一方面它是教学具体实施的指导，是确定课堂教

学目的(objectives)和教学活动的基础,也是教学评估和测试的基础。

教学目的与标准的确定属于一种政府行为,通常由政府教育机构发起,委托数名专家组成项目组进行调查研究,提交报告,最后由教育部门审定和颁布,并监督实施。教学目的和标准的确定主要受社会文化和政治经济等客观因素的影响,尽管跨文化教育视角下的大学英语教学的本质特点适用于任何国家和地区,但其教学目的和标准以及教学方法在美国和欧洲可能有所不同。同样,在我国将跨文化教育融入大学英语教学应有属于自己的特色,不可一味地模仿,照搬西方国家的做法。根据我国高校英语教学的特点,在跨文化教育背景下大学英语教学的目的应涉及三个层面:知识层面、能力层面和态度层面。

跨文化教育与大学英语教学融合的总体目标是:提高学生的外语交际能力(语言文学目标,初级目标)及培养学生的跨文化交际能力(社会人文目标,高级目标),具体体现在以下几个方面。

(一)帮助学生树立多元文化意识

由于世界构成群体的多元文化特征,不同的文化有其产生和发展的背景,并且不可替代。在全球化背景下,各文化群体间的交流日益频繁,尊重并理解异质文化,可以避免文化冲突,实现平等交往,促进合作。

在跨文化教育与大学英语教学的融合中,培养学生积极理解不同文化的态度,可以使学生对自身的文化有更深的理解,从而对不同的文化特性有清晰的认识,以开放的心态对待世界文化的多样性和多元化。

(二)发展学生的批判性思维

将跨文化教育融入大学英语教学中应注重对学生批判性思维的培养,引导学生反思本国文化。学生充分利用多元文化的优势发现隐藏在文化现象之下的预定性假设，进而反思自己的文化行为，确立自己的价值观念、行为方式等，促使个人文化观的形成。

多元文化教育也是学校教育的一部分，并且与国家的教育目的相一致，多元文化教育使学生在理解和尊重异质文化的过程中，也实现了对自身文化更为深刻的理解和发展。

(三)为学生创造学习异质文化的机会

当来自两种文化的人们在进行了解和接触的过程中，不可避免地会出现文化冲击和碰撞，并且会产生一定的不适应。因此，在将跨文化教育融入大学英语教学中时，教师应该努力帮助学生克服这种不适应感，为学生创造更多的学习异质文化的机会，从而不断提升和培养学生的跨文化适应能力。

(四)构建跨文化教育与大学英语教学的融合模式

随着大学英语教学的发展，教师更加关注英语的文化内涵，深知在英语教学中进行跨文化交际素质培养的重要性。构建跨文化教育与大学英语教学的融合模式具体是要构建一种“交际—结构—跨文化”的模式。

1. 交际体验

交际体验是使学生掌握一定的交际功能，通过英语进行日常生活的交际。交际能力是人们为了不断平衡环境而进行的自我调节机制。通过英语课堂的交际体验，学生能够提升自身的交际能力。交际中交际双方需要以一定的语言交际环境为基础，对交际双方的背景有所了解，进而发挥自身的交际技能。

2. 结构学习

结构学习以语言技巧的训练为目标，将语言结构作为教学重点，主要利用英语进行教学。语言带有自身的系统性，语言学习和教学应该利用这种系统性，发现学习和教学中的规律，展开结构性学习。

结构学习需要注意以下几个方面。

(1)培养学生的英语结构运用能力。

(2)培养学生的词汇选择与创造力。

(3)培养学生组词成句、组句成文的能力。

(4)培养学生在不同语言环境下进行交际的能力。

3. 跨文化意识

跨文化意识教学是将了解文化知识作为目标，重视文化习俗的教学。要掌握英语文化知识，学生既要了解英语国家的历史和文化活动，研读相关的文学作品，也要了解英语民族的生活习惯与方式，形成学习英语国家文化的兴趣。长此以往，英语学习就会变成一种文化探索，有利于激发跨文化交际学习的乐趣，提升学习的效果。

"交际—结构—跨文化"的模式要求整个英语教学过程都贯穿中西方文化的对比与总结，以培养与提高学生的跨文化交际意识。

"交际—结构—跨文化"的模式是一种十分符合中国人的外语教学模式。中国大多数学生的英语学习都是以汉语思维和认知方式进行，这种认知方式不符合英语学习的规律。心理学认为，事物相异性越大，越能刺激人类的记忆。"交际—结构—跨文化"的模式能够从英语学习的全过程出发进行认知方面的刺激，有利于培养学生的目的语思维模式。

(五)实施英语教学跨文化训练

根据布里施林(Brislin)的观点，跨文化训练包括以下方式。[①]

① 胡文仲．跨文化交际学概论[M]．北京：外语教学与研究出版社，1998：193-195.

(1)以提供信息为主的训练,如讲座、演讲等。

(2)以原因分析为主的训练,如重大事件讨论。

(3)以提高文化敏感度为主的训练。

(4)改变认知行为的训练。

(5)体验型训练,如角色扮演。

(6)互动式训练,如跨文化交往。

在跨文化教育与大学英语教学的融合实践中,教师可以根据具体教学情况灵活使用上述几种训练方式,以提高学生的文化敏感度与跨文化交际技巧。

四、跨文化教育与大学英语教学融合的内容

如上文所述,将跨文化教育与大学英语教学融合的目的主要涉及知识、能力和态度三个层面,所以教学内容也应该考虑这三个方面的需要。单纯从教学内容上说,大学英语教学应该涉及如下内容(表 2-1)。

表 2-1　外语教学的内容

<table>
<tr><td rowspan="11">外语教学</td><td rowspan="3">目的语言教学</td><td>语言意识</td></tr>
<tr><td>语言知识</td></tr>
<tr><td>语言使用</td></tr>
<tr><td rowspan="3">目的文化教学</td><td>文化意识</td></tr>
<tr><td>文化知识</td></tr>
<tr><td>文化交流</td></tr>
<tr><td colspan="2">其他文化教学</td></tr>
<tr><td rowspan="4">跨文化交际
能力培养</td><td>跨文化意识</td></tr>
<tr><td>跨文化交际能力</td></tr>
<tr><td>跨文化交际实践</td></tr>
<tr><td>跨文化研究方法</td></tr>
</table>

(资料来源:张红玲,2007)

首先,跨文化教育与大学英语教学融合的内容包括四个模块:目的语言、目的文化、其他文化和跨文化交际能力。通过对目的语言和目的文化的学习,学生能够掌握目的语言知识,并且可以使用该语言与目的语言群体进行有效交际。其他文化的教学是跨文化外语教学不同于其他以文化为基础的外语教学之处。如果外语教学完全排除其他文化的内容,将会导致学生徘徊于本族文化和目的文化之间,而忽略了其他文化的存在,这就不利于培养学生的跨文化意识。跨文化交际能力的培养主要涉及跨文化意识、跨文化交际能力、跨文化交际实践以及跨文化研究方法的教学。

需要注意的是,这四个方面的教学内容并不是孤立存在的,而是互相联系的。它们之间的关系密不可分、相互渗透,从而构成了更为合理的教学内容模式,如图 2-4 所示。

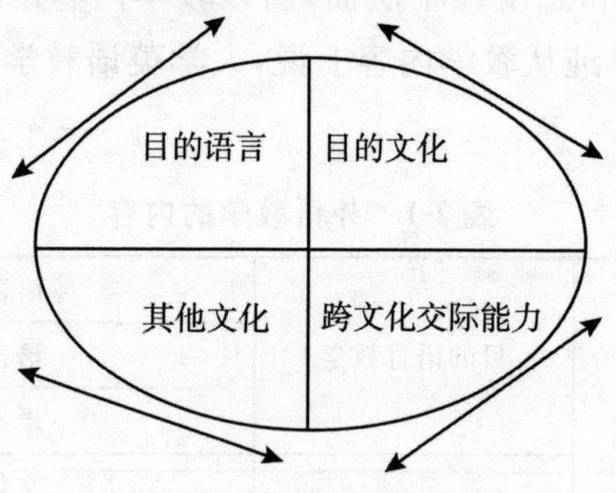

图 2-4　跨文化外语教学模式

(资料来源:张红玲,2007)

与常见的线性分布、层次分明的内容分析不同,图 2-4 是一个饼式的教学内容示意图,多个教学要素分布在一个大圆中,不分先后和主次,并且圈外的双箭头表示各个要素之间互通有无、相辅相成,共同构成外语教学的整体。

第三节　跨文化外语教学的研究现状

由于语言与文化密切相关，因此在语言教学中输入文化是很有必要的。在早期教学中，跨文化外语教学的目的在于让学生了解目的语文化，对文学知识与文化背景的讲解是主要的教授内容与项目。随着交际教学法的逐步推广，跨文化教学的内容发生了变化，将目的语文化的日常生活规范、社会规则等融入进去，涉及文化态度、文化观念等具体的内容。这时，跨文化教学的目标也发生了改变，侧重培养学生的跨文化交际能力。

一、国外关于跨文化外语教学的研究现状

(一)观点层面

国外学者弗雷斯(Fries)认为："在外语教学中，进行跨文化教学是必须的，通过跨文化教学，学生可以提升自身的跨文化理解能力。"[①]这就是说，在外语教学中，文化起着非常重要的作用，如果对文化不了解，那么就很难学会外语，很难与外语本族人进行交流与对话。弗雷斯还认为，在外语教学中，重视文化差异性也是非常重要的，通过对比来更深层次地了解目的语文化，从而对不同文化差异造成的学习难点进行预测，在跨文化外语教学中予以预防。学生在外语学习中，往往认为与自身母语要素不同的要素是非常困难的，认为只有相同的要素才是简单的，这就需要通过对比找出二者的差异，从而理解学生外语学习的难点。

随着跨文化交际的发展，很多学者认为应该从跨文化交际的角度审视跨文化外语教育，研究文化在外语教育中的意义，从

---

① 康莉．跨文化视角下的大学英语教学：困境与突破[M]．北京：中国社会科学出版社，2014：45.

而让学生不断了解其他国家的文化，提升自身的跨文化交际能力。

布鲁克斯(Brooks)最早界定了外语教学中的文化概念，并指明跨文化外语教学的内容与方法。在布鲁克斯看来，文化是人与人、人与社会沟通的桥梁，文化模式必然影响着人们的行为、思想等。文化包含两大层面：一种是表层文化，一种是深层文化。①

另外，布鲁克斯阐明了外语教学与跨文化教学之间的关系，认为跨文化外语教学贯穿教学的整个过程，主要涉及如下三个阶段。②

第一阶段：学生要对母语与目的语之间的表层文化差异予以理解与掌握。

第二阶段：学生对深层的文化问题进行探索。

第三阶段：通过跨文化外语教学，分析与阅读经典作品，对目的语精神文化的内涵予以了解，培养学生的洞察力与群体意识。

诺斯特朗德(Nostrand)提出了新兴的跨文化分析模式，并指出跨文化教学的内容与分类应该以此模式为基准，并且认为文化包含社会、文化、个人、生态四个子系统以及价值观等 32 个小项。③

西利(Seelye)根据诺斯特朗德的观点，提出了跨文化学习的目标、方法以及评价手段。④

通过分析不难发现，上述内容是几位学者对表层文化的研究与探讨，基本不涉及深层文化。随着跨文化交际的加深以及多元化所存在的现实问题，学生不仅要学习目的语文化知识，还要不断提升自身的跨文化能力。同时，培养自身的跨文化能力与跨文化交际技巧是新时代对复合型人才的要求。因此，英语教学研究

---

① Brooks, N. Teaching Culture in the Foreign Language Classroom[J]. *Foreign Language Annals*, 1968, (3): 204-217.

② 同上.

③ Nostrand, H. L. Empathy for a Second Culture: Motivations and Techniques [A]. *Responding to New Realities*[C]. Jarvis, G. A. Skokie, IL: National Textbook Co., 1974: 163-327.

④ 张红玲. 跨文化外语教学[M]. 上海：上海外语教育出版社, 2007: 163.

应该帮助学生了解目的语文化，让他们能有效地与目的语国家的人们进行交际，避免产生冲突与误解。

20世纪八九十年代，克莱尔·克拉姆希（Kramsch）提出多元文化互动模式的外语跨文化教学。他认为，无论是对语言进行研究，还是进行语言教学，都应该避免将语言与文化对立起来，这样会阻碍人们从不同角度看待问题。也就是说，人们应该从多元形式来看待语言与文化的关系。[①] 可见，克拉姆希是将语言与文化融合起来看待。此外，克拉姆希指出，教师向学生传授目的语文化的事实、态度等信息，只能给学生提供参考，让他们知其然，但是很难让他们知其所以然。[②]

就人类精神力量的发展层面来说，语言必不可少。当然，在世界观形成层面也是如此。这是因为个体只有让自身的思维与集体思维紧密关联起来，才能形成真正的世界观。文化不应该仅对事实进行展示，而应该通过交际来进行传授，这样才能让学生真正地学到文化，理解目的语文化的本质特征。我们处于多元化的社会，这就要求在教学中应该对文化互动予以鼓励，而不应该害怕或者一味地去避免冲突的发生，因为冲突从本质上说也属于一种文化层面的互动。可见，克拉姆希的观点是将文化从单一导入转向双向互动。

英国学者迈克尔·拜拉姆（Michael Byram）通过分析和调查欧洲的跨文化外语教学，提出了语言与文化综合教学模式，并对跨文化外语教学的内容、方法、评价等进行了分析和探讨。在拜拉姆看来，跨文化外语教学应该从对比、知识传授的角度出发，让学生对社会交往的行为模式、习俗等有清晰的了解，从而找出文化现象的差异性，展开合适的交际。[③] 语言与文化综合教学模式

---

① Kramsch, C. Culture in Language Learning: A View from the United States[A]. *Foreign Language Research in Cross-Cultured Perspective*[C]. Bot, K. D., Ginsberg, R. B. & Kramsch, C. Amsterdam: John Benjamin, 1991: 237.

② 同上.

③ 康莉. 跨文化视角下的大学英语教学：困境与突破[M]. 北京：中国社会科学出版社，2014：48.

包含语言学习、语言认知、文化经验、文化认知四个要素，这四个要素贯穿教学的整个过程，并且缺一不可。

在20世纪90年代，英语教学对跨文化教学更加重视，文化学习成为培养学生跨文化交际能力的重要因素，教授文化时会将口语、书面语、社会交际等内容渗透进去。因此，这里总结出教授文化的如下四种方式。

(1)语言与文化探索活动。

(2)社会语言探索活动。

(3)文化探索活动。

(4)跨文化探索活动。

除了这四个方式，还有“文化丛”“文化包”“文化同化”等方法。

(二)目标层面

英语教育的目标在于帮助学生理解在交际环境下语言所呈现的意义。跨文化外语教学不是像传授其他知识一样，将文化传授给学生，而是帮助学生清楚目的语国家的人们如何对语言与文化进行使用。在开展跨文化外语教学的过程中，如果仅仅对文化事实加以介绍，显然是很难提升学生的跨文化能力的。文化背景不同，决定着人们看待世界的角度不同。为了达到跨文化理解的目的，学生要处于第三位置，即构建一个新的视野，以跨文化人的角度对比母语文化与目的语文化，形成第三视角，这是跨文化教学的目标。

西利认为，跨文化教学有以下七大目标。[①]

(1)让学生明确目的语文化影响和制约着人们的行为。

(2)让学生明确性别、阶级、年龄等都属于社会的各种因素。

(3)让学生明确目的语文化中形成的行为方式。

(4)让学生理解目的语词组文化。

---

① 康莉．跨文化视角下的大学英语教学：困境与突破[M]．北京：中国社会科学出版社，2014：51.

(5)让学生明确目的语文化的评价方式。

(6)让学生提升自身对目的语文化进行搜寻与组织的能力，掌握具体的研究技巧与方法。

(7)激发学生学习目的语文化的好奇心，鼓励他们从情感上产生共鸣。

跨文化教学目标指出了跨文化能力所具备的知识、意识、态度、技巧等层面。其中(1)(2)属于跨文化意识；(3)(4)属于跨文化知识；(5)(6)属于跨文化技能；(7)属于跨文化态度。

为了提升学生的跨文化交际能力，教师必然需要注重跨文化教学。美国外语教学委员会在1996年出版的《外语学习标准》中提出了外语教育的五个目标，即5Cs。

交际(Communication)：英语学习的中心是运用非母语的语言进行交际，可能是书写交际，也可能是面对面交际，还可能是跨越历史的交际。

文化(Culture)：通过学习其他语言，学生获知与了解目的语文化。要想学好这门语言，学生需要掌握目的语文化语境。

关联(Connections)：学习英语为学生提供与其他知识体进行联系的机会，这些相联系的知识是只会一门语言的人无法获得的。

比较与对比(Comparisons & Contrasts)：通过比较与对比，学生不仅形成对自己母语文化的洞察力，还能从多维视角看待世界。

社区(Communities)：社区的元素会促使学生在多样化语境中，运用恰当的文化方式参与到国内外多语言社区中。

显然，《外语学习标准》明确将“获得并了解其他文化知识”看作学习一门外语的标准，注重文化与交际，强调学生应该从母语文化世界走出来，进入目的语文化的世界，实现两种文化的融合。

二、国内关于跨文化外语教学的研究现状

相较于国外对文化教学的研究，我国的文化教学研究起步较晚。1980年，我国学者在《现代外语》上发表的“词汇的文化内涵

与英语教学”中首次指出英语教学没有关注词汇文化因素的问题。自此，我国开始了语言与文化关系的研究。

学者顾曰国(1994)认为，在语言与文化的关系上，礼貌在语用上有着重大的作用。①

1994 年，学者胡文仲将众多学者、专家进行的语言与文化研究论文收录整理为论文集《文化与交际》。同年，王福祥等人整理了另一部论文集《文化与语言》。这两部论文集成为当时文化教学研究的突出代表。

1996 年，学者束定芳将文化导入项目分为词语文化与话语文化两类。②

2000 年，学者刘爱真指出，在文化教学中要从宏观和微观的角度入手，帮助学生构建目的语文化认知模式。③

2003 年，学者刘长江指出，外语学习的目的是实现双语文化的交叉交际。④

20 世纪 80 年代，交际法为外语教学带来了生机与活力，促进了文化教学的发展。但是从整体上说，我国的文化教学仍旧采用单一的教学方法，教学往往流于形式，并未触及文化教学的深层内涵。因此，对我国的文化教学进行全新的改革十分有必要。

2012 年，学者庄恩平等人提出：“推广跨文化外语教学将是未来我国外语教学改革的主要方向之一。”⑤

因此，从国内外的研究与论述可知，国内外学者都在努力推进跨文化外语教学，促进外语教学向更深的层次发展。

---

① 顾曰国．礼貌、语用与文化[J]．外语教学与研究，1992，(4)：17.

② 束定芳，庄智象．现代外语教学：理论、实践与方法[M]．上海：上海外语教育出版社，2008：131.

③ 刘爱真．文化认知与言语得体——大学英语教学中文化教学思路谈[J]．外语界，2000，(2)：9.

④ 刘长江．谈外语教育中目的语文化和本族语文化的兼容并举[J]．外语界，2003，(4)：15.

⑤ 胡彤，张国．跨文化交际中的文化干扰与外语教学[J]．鸡西大学学报，2014，(12)：118.

第三章　大学英语教学中跨文化教育的实施

人们从出生起就浸润在母语的语言和文化环境中，在学习母语的同时，实际上获得了文化，这几乎是不知不觉地发生的。但是，对于中国人而言，英语是外语，是母语能力形成后才接触的一门外来语言，在英语学习过程中往往忽视文化因素，这种忽视往往造成跨文化意识缺失，进而产生文化冲突。所以，学习英语语言，还要学习英语文化。基于现如今的全球化趋势，我国的大学英语教学不仅要传授母语文化，还要传授英语文化。因此，跨文化教育在大学英语教学中是必不可少的一部分。

第一节　大学英语教学中跨文化教育实施的必要性

语言体现着文化，因此文化差异必然导致语言差异。从当前大学英语教学现状来看，一直存在着中国文化失语现象，这要求大学英语教师应积极进行跨文化教育。另外，英语课程的内在属性、跨文化交际以及经济发展的需要，都要求大学英语教学实施跨文化教育。

一、文化和语言的同一性

(一)文化类型

1. 从文化结构解剖的视角分类

三分法是将文化分为物质文化、制度文化和精神文化的分类方法。[①]

人从出生开始就离不开物质的支撑,物质是满足人类基本生存需要的必需品。物质文化就是人类在社会实践中创造的有关文化的物质产品。物质文化是用来满足人类生存需要的,是为了让人类更好地在当前的环境中生存下去而创造出来的,是文化的基础部分。

人是高级动物,会在生存的环境中通过合作和竞争来建立一个社会组织。这也是人与动物有区别的一个地方。人类创建制度,归根到底还是为自己服务的,但同时对自己有所约束。一个社会必然有着与社会性质相适应的制度,制度包含着各种规则、法律等,制度文化就是与此相关的文化。

人与动物的另外一个本质区别就是人的思想性。人有大脑,会思考,有意识。精神文化就是有关意识的文化,是一种无形的东西,构成了文化的精神内核。精神文化是人类在认识世界和改造世界的过程中挖掘出来的一套思想理论,包括价值观、文学、哲学、道德、伦理、习俗、艺术等,因此也称为“观念文化”。

2. 从人类学的视角分类

人类文化相当于一个金字塔,金字塔底部的是大众文化,金字塔中间的是深层文化,金字塔顶部的是高层文化。

---

① 闫文培.全球化语境下的中西文化及语言对比[M].北京:科学出版社,2007:34.

大众文化是普通大众在共同的生活环境下共同创造出来的一种生活方式、交际风格等。

深层文化是不外现的，是内隐的，对大众文化有着指导作用，包括思维和价值观等。

高层文化又称“精英文化”，它是指相对来说较为高雅的文化内涵，如哲学、历史、文学、艺术等。

3. 从支配地位的视角分类

文化一旦产生，就对生活在其中的人有着一定的规范作用和约束力。这是一种约定俗成的力量。一个社会中通常有多种文化，人们最终会按照哪一种文化规范来生活，就要看文化的支配地位了。因此，有人从文化的支配地位的视角，将文化分为主文化与亚文化。

所谓主文化，是在社会中占主导地位的，并被认为应该为人们所普遍接受的文化。主文化在共同体内被认为具有最充分的合理性和合法性。主文化具有三个属性：一是在权力支配关系中占主导地位，得到了权力的捍卫；二是在文化整体中是主要元素，这是在社会的更迭中形成的；三是对某个时期产生主要影响，代表时代主要趋势，这是时代的思想潮流决定的。

相对应地，亚文化是在社会中处于附属地位的文化，它仅为社会上一部分成员所接受，或为某一社会群体所特有。亚文化也有两个属性：一是在文化权力关系中处于从属地位，二是在文化整体中占据次要的部分。虽然亚文化是与主文化相对应的一种文化，但是二者不是竞争和对抗的关系。值得注意的是，当一种亚文化在性质上发展到与主文化对立的时候，它就成了一种反文化。在一定条件下，文化与反文化还可以相互转化。文化不一定是积极的，反文化也不一定是消极的。

虽然按照不同的视角，文化的分类不同，但有一点需要明确，那就是文化无优劣、高下之分。世界相当于一个村落，其中的任何国家和民族都享有平等的权利，其中的成员在人格上都是平等的，不应该因为文化的不同而被区别对待。例如，中国人习惯用筷子，西方人习惯用刀叉，有人说使用筷子有利于人脑发展，也有人说使用刀叉简单。因此，文化不是用来比较和评价的，只是用来促进交际的。

（二）语言的文化内涵

社会一经形成，语言就存在了。语言随着社会的产生而产生，随着社会的消失而消失。语言无法离开社会而单独存在，因此语言也无法离开人。可见，语言和文化具有密不可分的关系。

语言不是一种纯净物，而是一种文化环境影响下的产物。语言的生成、演变或多或少都受到了文化因素的影响。既然语言是在文化环境中产生的一种文化现象，那么它就不是独立于文化之外的文化载体。关于语言和文化的关系，不同的理论有着不同的阐释。对于这么复杂的关系，任何一种理论都不是完美的，都只是从一个角度来进行解释的。但可以确定的是，语言具有人文属性。语言的人文性是指语言通过自身的状态、活动、变化方式等体现出的文化环境中种种因素的属性。人文性是语言的普遍属性，是语言的基本性质，与文化之间有着不同程度的再现关系；而文化内涵是具体语言所体现出来的所属文化的意义与特征。每一种语言都受到文化的影响，并且受到多种文化的影响。各种不同的文化要素也会以不同的方式渗透到语言的各个层面，有的会直接影响到具体的词语，有的会影响到语言的组织结构，有的会影响到语言的使用。

不同的语言要素会以不同的方式来体现文化内涵的。语音具有较为明显的物质属性，自然地实现了音义结合，因此是通过使用习惯来反映文化内涵的。词汇作为语言的基本单位，就很直观地反映文化，通常和某个具体的文化事件对应。在词汇方面，无论是单个词语还是词语群体，无论是词义还是词形，无论是词的概念实指义还是感情色彩义，都体现了不同的文化表现方式。语法作为语言中的规则体系，与文化中的逻辑性息息相关。

二、中国文化失语现象

为满足国家“开放”和“引进”战略对外语人才的需求，各层次外语教育过度倚重语言的工具性学习。长期以来，社会上已经形成了过分重视分数高低、忽视对学生德育培养的倾向，即忽视人文教育。大学英语教学内容中人文性教育内容较少，导致了英语教学中的人文教育失去了内容支撑，并且外语教学仅围绕西方文化展开，中国文化相关内容长期处于被忽视状态。在应试教育目标的指挥棒下，教师的中国文化意识薄弱，将培养学生的英语应用能力看作唯一目标。另外，从人才培养的角度来看，我国师范类高校英语专业学生缺乏中国传统文化的学习，对中国传统文化缺乏系统的了解，这直接造成了英语教师的中国文化修养的缺乏以及中国文化教学能力的低下。培养出色的国际化外语人才的前提是教师首先要具备足够的中国文化素养。①

三、英语课程的内在要求

大学英语课程标准对英语交际能力有着明显的要求。英语文化和母语文化是两种文化体系，因此英语交际能力就是跨文化交际能力的一种体现。跨文化交际能力的提高要求学生不仅要了解本族文化，也要精通他国文化，而且要不断接受现实交际的验证。这就使得大学英语教学为了提高学生的跨文化交际能力，必须进行一定程度的跨文化教育。

四、跨文化冲突的严峻性

经济全球化导致各个国家在各个领域都进行着不同程度的

① 苏雪梅．大学英语教育中“中国文化失语”现状与重构[J]．山西大同大学学报(社会科学版)，2019，(1)：79-80.

交际，因此商品、技术、信息、人员等生产要素的跨国流动非常频繁。在这个国际化的时代里，世界以一个整体的形式出现。不同文化背景的人进行着频度更高、范围更广、层次更高的跨文化交流。人们逐渐意识到，跨文化交际不是简单的英汉互译，而是需要交际者深刻理解彼此的文化背景。在越来越多、越来越深层的跨文化交际出现的同时，越来越严峻的跨文化交际形势随之出现。

跨文化冲突是伴随着跨文化交际产生而产生的，在跨文化交际中难以避免跨文化冲突。人们在认识到文化差异的同时，应该思考如何有效避免跨文化冲突。跨文化冲突包括非暴力性的摩擦性冲突和暴力性的对抗性冲突。摩擦是跨文化交际中的误解与分歧导致的不同文化间的争执。摩擦是普遍的、经常发生的。对抗是不同文化之间的暴力冲突，它可能进一步演变为军事化的暴力冲突，也就是战争。对抗是残酷的，总是伴随生命伤亡。当摩擦长期存在并不断加剧，就恶化为对抗，甚至出现暴力性的对抗冲突。跨文化交际中的摩擦常常以争执、辩论、批评、谩骂等为语言表现形式，以游行示威和请愿抗议为政治行为表现形式。跨文化交际中的摩擦在长时间的积淀中，就形成了跨文化冲突。①

（一）跨文化冲突的普遍性

1. 跨文化冲突普遍存在于世界各地

古今中外，跨文化冲突无处不在。历史悠久的中国也有着跨文化冲突的历史。中国文化的独特性决定了中国文化和其他文化之间必然发生各种各样的跨文化冲突。近代以来，中国文化与欧洲文化一直处于征服与反征服的冲突状态。除此之外，中国与美国、日本、印度、菲律宾等国家之间也存在跨文化冲突。其中，中国和美国的跨文化冲突表现得最为突出。中国与美国之间的

① 鲁卫群．跨文化教育引论[D]．武汉：华中师范大学，2003：7-10.

共通性不少，并且有着许多的利益牵连，两国之间的学习、商务往来也非常频繁，但是中国与美国的跨文化冲突的历史比美国的国家历史还长。

2. 跨文化冲突普遍存在于各种文化层面

跨文化冲突可以发生在文化的各个层面，包括价值观、制度、生活方式等。

价值观是深层文化因素，是导致跨文化冲突的根本原因。因此，制度、生活方式等层面的跨文化冲突就是价值观层面的跨文化冲突。所以，我们可以通过价值观层面的跨文化冲突来理解文化各个层面的跨文化冲突。

(二)跨文化冲突的尖锐性

1. 激化程度不断加强

跨文化冲突如果长期存在，没有得到缓解，并且反复进行，就可能很快被激化，演变为对抗。

2. 爆发性强

跨文化冲突的导火索可能是很小的事件，但最后往往酝酿成大的灾难性事件，以对抗收场。当争吵使得矛盾到达爆发的临界点时，异常大规模的跨文化冲突就会爆发。

(三)跨文化冲突的复杂性

文化本身就是一种复杂的现象，跨文化冲突就更应该是一种复杂的现象。有人认为，文化差异是导致跨文化冲突的根本原因。事实上，文化差异可能导致跨文化摩擦，但不一定会引起跨文化对抗。如果文化差异的双方尊重对方的存在价值，就不会产生跨文化冲突。可见，文化差异不一定导致跨文化冲突。导致跨文化冲突的根本原因是试图强制性地消除差异。当一方试图使对方与自己统一，从而消除对方时，冲突就出现了。如果文化差异的双方都想将彼此取而代之，跨文化冲突就表现得十分明显。我们要消除的是跨文化冲突，而不是文化差异。因此，我们决不能抱有消除差异、同化对方的观念。

(四)跨文化冲突的长期性

跨文化冲突是长期普遍存在的，并且跨文化冲突的影响也将长期存在。可能一些跨文化冲突消失了，另一些跨文化冲突又产生了，甚至原来已经消除的跨文化冲突又死灰复燃了。即使一些跨文化冲突本身消失了，但是这些跨文化冲突造成的不良氛围将长期存在。

面对跨文化冲突的严峻形势，人们要从人类文化本身去寻求跨文化冲突的解决之道。人类要充分发挥文化的创造性，创造出消除跨文化冲突的新文化，以实现更加和谐、丰富的跨文化时代以及更加美好的人类生存形态。对此，联合国等组织大力提倡跨文化对话，联合国教科文组织就提出了“跨文化教育”，并在很多区域组织了一些跨文化教育实践，以此实现文化和平的理想。对于从根本上消除跨文化冲突，跨文化教育有着无限的可能和巨大的潜力。为此，后文将详细探讨跨文化教育实施的原则和策略等问题。

五、经济发展的需要

改革开放以后，中国发生了翻天覆地的变化，从曾经的贫穷落后的农业大国已经跃升为世界第二大经济体。即便如此，中国依然有着更高的目标，依然要不断提高自己在国际上的经济地位和市场竞争力。国际市场竞争力说到底还是人才的竞争力，大学作为为国家培养、输送人才的主要基地，也必须适应我国经济发展的需要。英语作为高等教育的一门基础学科，影响着学生的职业生涯和可持续发展。英语能力不仅体现在英语知识的掌握程度上，还体现在文化背景知识的了解与理解上。从这一点来讲，大学英语教学中的跨文化教育是必不可少的。

第二节　大学英语教学中跨文化教育实施的原则

实施任何一种教育，都有着特定的准则。在跨文化教育的实施过程中，教师要根据文化的属性来制订相应的原则。

一、培养学生正确的文化态度原则

黑格尔指出，人类历史的发展必定导致世界历史的形成。[①]大工业的发展以及对剩余价值最大化的追求，导致人类历史的发展跳出了地域限制，成为利益相关的命运共同体。在文化全球化的大格局之下，引领潮流的世界性文化不再单单由某个国家或民族来创造，而是由更多主体来创造。因此，文化全球化是世界文化创造主体和世界文化元素的多元化。如今，世界不同国家和民族的文化已经远离了文化霸权，是你中有我、我中有你的关系，倡导文化包容。文化只有具备包容的品质，世界不同国家和民族的文化才能在共存中达到更多的一致，进而使得世界各个国家和民族联系得更加紧密。在人类文化发展史上，封闭的文化会被推到边缘的地带，并且阻碍世界历史的前进脚步；而那些包容性的文化才能主导世界文化，推动世界历史的发展。

包容性的文化比较能够接受其他文化中的先进成分，因此能够较好地发展，也比较容易被其他文化接受，能够从地域性文化向世界性文化转变，进而成为推动世界文化进步的强大力量。从根本上讲，一种文化之所以缺乏包容性，是因为文化创造主体的思想狭隘，并且这种封闭的文化会影响生活在其中的人们的思维方式，使他们变得狭隘，缺乏开放精神，难以接受其他文化。过于

① ［德］黑格尔著，王造时译．历史哲学［M］．上海：上海书店出版社，2001：1-82.

强调世界上的文化冲突不利于世界文化的发展，只有包容性的文化才有利于推动世界文化的车轮滚滚向前。

二、文化的多维度互动原则

在大学英语跨文化教育中，教师既要实现教师和学生之间的互动，也要实现语言和文化的互动，还要实现中西方文化的互动。就教师和学生之间的互动而言，教师的教学影响着学生的学习，而学生的学习又反过来影响着教师的教学传播行为。跨文化教育应该紧贴时代的脉搏，改变以前的单向传递模式，在互动中求得发展和优化。至于语言和文化的互动，学生应该了解语言和文化的相互关系，用发展的、动态的眼光看待二者之间的关系。在这个全球化的时代，不同文化之间的互动表现得越来越突出，互动的频率有所提高，互动的范围有所扩大，互动的深度有所增加。跨文化交流本身就要求进行文化的双向交流，语言本身也是在交流中产生和发展的，因此跨文化外语教育过程应是一个互动的过程。

三、整体文化输入原则

依据语言教学的整体目标，单纯的语言教学已经慢慢向文化教学倾斜。在大学英语跨文化教育中，应从宏观入手，坚持文化学习的整体性。整体文化输入原则包括纵向和横向两个维度，从纵向来看，文化的形成是一个源远流长的过程，时间横跨古今，学生应该对文化的生成和发展脉络有一个清晰的把握；从横向来看，文化具有多样性，不同的文化具有不同的特色，所以文化的输入类型也应是兼而有之的。另外，为了提高学生在跨文化交际中的文化自信心，教师应该引导学生尊重母语文化，适时适度地宣扬母语文化中的精华部分。但是，教学内容应保持理性中立的态度。总之，教师不应该将教学孤立起来，应注重引导学生关注文化的整体性，即整体地输入古今中外文化。

第三节 大学英语教学中跨文化教育实施的方法

有理念就有方法论。方法论形成之后，也不是恒定的，会随着理念的变化而变化。既然跨文化教育的理念在广泛传播，那么它的实施方法就需要被探讨。概括而言，大学英语教学中跨文化教育的实施方法主要有以下几种。

一、以教师的语言为桥梁的方法

(一)说明法

在中国，学生一直浸润在母语环境中，周围的英语环境极其缺乏，甚至是空白的，因此学生对很多文化背景知识可能是不太了解的。当学习材料中的文化背景知识影响到学生对学习材料的理解时，教师可以对有影响的文化背景知识做一些说明介绍。教师的说明介绍最好安排在讲解学习材料之前的一段时间进行，以便为学生理解学习材料做铺垫。要想将说明介绍的工作做好，教师需要提前在课外时间做好准备工作，搜集一些与教学内容相关的典型文化知识，并通过自己的消化理解将其恰当地应用到课堂之中。通常情况下，教学材料中的作者、内容和事件发生的时代可能都蕴含着一定的文化内涵，学生必须广泛学习这些背景知识，否则就难以准确理解所学材料。例如，当学生读到《21 世纪大学英语》第一册第十单元 *Cloning*：*Good Science of Bad Idea* 中的“Faster than you can say Frankenstein，these accomplishments，triggered a worldwide debate.（不等你说出弗兰克斯坦，这些成果就已经引发了世界范围的大辩论。）”这句话时，可能不明白如何解释 Frankenstein，也不明白整句话的意义。在这种情况下，教师需要介绍以下三点与理解该材料有关的背景知识。

(1)英国女作家玛丽·雪莱(Mary W. Shelley)写了一部科幻小说,并以自己的名字为这部科幻小说命名,而这部小说描写了一位发明怪物并被它消灭的年轻医学研究者,名字称作Frankenstein。

(2)在英语中,有个习语为 before you call say Jack Robinson(开口讲话之前),Faster than you can say Frankenstein 就是根据这个习语创造出来的。

(3)文章中的人物是在一定的社会背景下出现的,当时克隆技术大肆蔓延,作者极度担心克隆技术会对人类社会造成重创,这一担心又得到了世界上已经掀起的大辩论的证明,因此读者就将克隆技术与小说情节联系起来。

(二)比较法

有比较就有结果。只有在比较中,事物的特性才会表现得更加明显。经过了不同的历史轨迹,中国和西方国家在长时间的历史积淀中形成了不同的文化。因此,在跨文化教育中,教师可以通过母语文化和英语文化的比较,让学生更加深刻地认识母语文化和英语文化。在跨文化交际中,学生也因此提高了自身的文化敏感性,会更加重视文化对于交际的影响,从而减少甚至避免文化差异引起的交际冲突。打个简单的比方,问别人的行程和年龄在中国是很正常的,但是在西方人眼里是对隐私的侵犯。

在外研社版的《大学英语》第三册第四课 *Darken Your Graying Hair, and Hide Your Fright* 中,主人公这么介绍了自己:"I have a wife, three daughters, a mortgaged home and a 1972 'Beetles' for which I paid cash."中国学生乍一看,主人公开着德国大众"甲壳虫"汽车,这在中国国情下不是很多人能够担负起的,因此就会认为这位主人公过得比较富裕。但是,读者要站在西方背景下去审视这个问题,西方国家的汽车就如同中国的自行车一样普遍,"甲壳虫"汽车空间小又省油,是中低收入家庭的首选车型。了解了这一点后，中国学生才发现自己的认识偏差，原来主人公的介绍表示的是家庭成员较多，生活比较紧张。

另外，在消费观念上，中国人比较保守，一般不会提前预支，并且要对未来的生活支出做好准备；但是英美人倾向于采取提前消费的方式，如分期付款、抵押贷款等。这就是文化差异在消费观念上的体现。

二、以外教资源为桥梁的方法

客观条件优越的学校可以适当地聘请一些外籍教师授课。外教的到来对跨文化教育的作用体现在以下两方面。

(一)外教直接作用于学生

外教不仅可以提升学生英语学习的兴趣，还能真正促进学生跨文化交际能力的提高。外教作为异域文化中的成员，比较能够引起一批学生的好奇心，这些学生在与外教接触和交流的过程中增强了英语口语表达的信心，还能收获课堂上学不到的社会文化背景知识，能真正提高英语文化敏感度和英语交际能力。另外，学校可以定期利用外教组织英语角，这样就为学生创造了纯正地道的英语环境，有利于学生英语听力和口语能力的提高，从而提高其跨文化交际能力。

(二)外教作用于教师

在我国，很多英语教师虽然出身英语专业，集各种英语等级考试证书于一身，但是由于口语的练习机会很少，英语口语表达能力依然比较欠缺。而外教来到学校以后，这些英语教师因为教学工作的关系，就获得了许多与外教直接交流的机会，外教可以帮助他们纠正语音上的错误。再加上外教是在另外一种不同的文化氛围中成长和学习的，其教学模式可能更加有趣、生动，中国英语教师可以汲取他们教学模式中的优势，从而提高自身的教学水平。

当教师的跨文化交际能力和英语教学水平提升以后，直接的受益者就是学生。教师的跨文化交际能力提升了，就能在和学生的交际中更有效地提升学生的跨文化交际能力，也使教师跨文化教育中的教学能取得更好的效果。

如果外教的学校教学工作让他们获得了良好的感受，外教往往会把国外教育行业的朋友或者机构等介绍给学校，这样学校就可以通过夏令营、冬令营等形式和国外的教育行业进行互访、互相学习和交流，从而提高学生的跨文化交际能力。

三、以媒体为桥梁的方法

当今时代的信息技术如此发达，学生对于各种媒体唾手可得，如手机、互联网、广播和报刊等。学生借助这些媒体，可以观看许多国外的电影、电视剧以及欣赏英语歌曲等，这就为学生学习文化知识提供了极大的便利。

艺术来源于生活，又高于生活。影视剧的创作也是基于导演对现实生活的思考，反映了本民族的社会文化。因此，学生在观看、欣赏和思考影视资料的过程中，尤其是那些以社会变迁和发展为主题的纪录电影，能增长文化知识，对国外的生活方式、风俗人情有着更多的认识。观看影视剧，也是让人放松心情的一种手段，不会遭到学生的排斥，并且通过画面的视觉冲击，学生能够获得更直观、更深刻的印象。因此，学生在放松的同时，学习了外国文化知识，可谓一举两得。

教师利用耳熟能详的歌曲进行跨文化教育，不仅可以增加学生学习的兴趣，集中学生的注意力，而且为学生创造了轻松愉悦的教学氛围，在这种情况下，跨文化教育的效果就会更好。

四、以师生互动为桥梁的方法

教师要努力尝试通过和学生的互动来实施跨文化教育。教学的本质决定了教学不应该是单向行为，而应该是双向行为。因此，英语跨文化教育应该真正回归到教学的本质上来，加强师生互动。首先，教师要培养学生正确的文化心态，使学生平等看待一切文化。其次，教师要营造平等、自由和开放的互动氛围，鼓励学生倾听和表达，使学生尽情发挥、畅所欲言。在互动过程中，教师和学生可以扮演不同文化中的角色，使学生理解外来文化。

五、以附加形式为桥梁的方法

以附加形式实施跨文化教育，就相当于一碟开胃菜，形式可以多样化。例如，在教材中设立文化专栏，在课外组织参观文化展览，举办英语文化主题讲座或组织文化表演等。教师也可以将优秀的但传播度不高的英语书籍介绍给学生，并以书中的文化知识为主题开展讨论、戏剧表演、知识竞赛等活动。这些活动都需要在教师的指导和监督下进行，以便活动真正实现跨文化教育的目的。以戏剧表演为例，微型剧包括 3～5 幕，每一幕包含 1～2 个文化事件，学生在参与戏剧的过程中，可能会出现一些文化误读的现象，通过反思、调查之后，就能找出文化误读的根源，从而学习了此类文化知识。

第四章　大学英语词汇、语法教学中的跨文化教育

在英语语言系统中，词汇和语法是重要的组成部分，同时是教师教学和学生学习的重要内容。词汇是构建英语大厦的基石，语法则是词汇组成句子、段落与语篇的规则，学生如果不能掌握词汇和语法知识，是不可能有效运用英语的。随着学习层次的提升，大学英语教学的要求也随之提高，不仅要求学生掌握基本的英语词汇和语法知识，还要求学生掌握相应的文化知识，以切实提高学生的英语综合能力。也就是说，大学英语教学应进行跨文化交际教学，将文化与语言有机结合，在词汇和语法教学中融入文化知识，培养学生进行跨文化交际实践的能力。对此，本章将对大学英语词汇、语法教学中的跨文化教育进行探析。

第一节　大学英语词汇教学中的跨文化教育

语音、语法和词汇是构成英语语言的三个要素，而词汇是语音和语法的载体，是构成语言大厦的建筑材料。对于外语学习来说，如果词汇量不足，将难以有效地进行听、说、读、写、译，交际也就无从说起，因此掌握足够的词汇是成功运用外语的关键。但仅仅掌握词汇的基本含义是不够的，还要了解词汇的深层含义，即词汇所蕴含的文化信息。这就需要在大学英语词汇教学中融入跨文化教育，以切实提高学生的词汇应用能力。

一、大学英语词汇教学概述

(一)大学英语词汇教学的目标

学习英语词汇不能只了解词汇的含义，还应明白如何使用词汇，也就是培养词汇能力，这是大学英语词汇教学的重要目标。

《大学英语课程教学要求》明确了大学英语词汇教学的目标，对非英语专业大学英语词汇教学提出了三个层次的要求，具体如下所述。

一般要求：总词汇量应达到 4 500 个单词和 700 个词组，其中 2 000 个单词为积极词汇，即要求学生能够在认知的基础上学会熟练运用，包括口头表达和书面表达两个方面。

较高要求：总词汇量应达到 5 500 个单词和 1 200 个词组，其中 2 500 个单词为积极词汇。

更高要求：总词汇量应达到 6 500 个单词和 1 700 个词组，其中 3 000 个单词为积极词汇。

《高等学校英语专业英语教学大纲》以每学期一级为标准，对大学生的词汇学习目标提出了入学、二级、四级、六级和八级要求，对大学英语专业英语词汇教学进行了指导，其内容如下。

入学要求：

(1)认知词汇不少于 2 000 个。

(2)掌握 1 200 个左右的常用词和一定数量的习惯用语及固定搭配，并能在口、笔语中运用。

(3)认知 740 个左右的单词和一定数量的习惯用语及固定搭配，能根据上下文的提示理解其含义。

二级要求：

(1)通过基础英语课、阅读课和其他途径认知词汇达 4 000～5 000 个(其中包括中学已学的 2 000 个)。

(2)正确而熟练地使用其中的 2 000～2 500 个单词及其最基

本的搭配。

四级要求：

(1)通过基础英语课、阅读课和其他途径认知词汇 5 500～6 500 个(含第二级要求的 4 000～5 000 个)。

(2)正确而熟练地使用其中的 3 000～4 000 个单词及其最基本的搭配。

六级要求：

(1)通过课堂教学和其他途径认知词汇达 7 000～9 000 个。

(2)正确而熟练地使用其中的 4 000～5 000 个单词及其最常用的搭配。

八级要求：

(1)通过课堂教学和其他途径认知词汇达 10 000～12 000 个。

(2)正确而熟练地使用其中的 5 000～6 000 个单词及其最常用的搭配。

由上述内容可知，教学阶段和教学对象不同，大学英语词汇教学目标也应有所不同。

(二)大学英语词汇教学的原则

大学英语词汇教学的开展应遵循一定的原则，这样可以保证教学更加有序、高效地开展。具体而言，大学英语词汇教学应遵循以下几项原则。

1. 目标分类原则

在大学英语词汇教学中，教师应遵循目标分类原则，即以学生的具体需求、学习特点等为依据确定词汇学习的目标。具体而言，大学英语词汇的学习目标包括过目词汇、识别词汇和运用词汇三类。过目词汇指的是在表达过程中起配合作用的词汇。在学习过程中，学生只需要大体了解这类词汇即可。识别词汇指的是能够帮助语境理解的词汇，学生在阅读过程中可以通过上下文等手段了解其含义。针对这种词汇，学生只需要了解其语义即可,不需要掌握词汇的属性与用法。运用词汇是学生学习词汇的重点,使用频率较高。需要指出的是,不同的专业、不同的行业其语言使用的侧重点不同,因此运用词汇也会有所不同。

可以看出,大学英语词汇教学并非让学生掌握全部的词汇,这是不现实的。教师应该结合词汇教学目的,让学生有选择性地积累一定的词汇,在掌握所需词汇的同时节省学习时间。

2. 词汇呈现原则

在开展大学英语词汇教学时,教师首先要向学生呈现词汇,这是词汇教学的首要步骤。词汇呈现能够使学生对词汇产生第一印象,在很大程度上影响着学生词汇学习的兴趣,因此教师在词汇教学中应遵循词汇呈现原则,坚持呈现的情境性、趣味性和直观性。

情境性指的是在词汇呈现过程中将词汇置于一定的情境当中,让学生在不同的情境中了解词汇的意义。趣味性指的是词汇呈现可以采用多种方式进行,目的是提高学生对词汇学习的兴趣。直观性原则主要针对物质性名词,教师可以利用实物、道具等展示具体词汇。

词汇呈现对后续词汇教学有着重要的影响,教师可以从具体的学生情况、教学条件等角度出发丰富词汇呈现方式。

3. 循序渐进原则

循序渐进原则是任何教学都应遵循的一项原则,在大学英语词汇教学中也是如此。这一原则是指词汇教学应该在数量和质量平衡的基础上对所教内容逐层加深。在循序渐进原则的指引下,英语词汇教学并不能单纯地追求词汇数量,也应该重视词汇掌握的质量。应该做到在增长词汇数量的基础上,提升词汇使用的熟练程度。在大学英语词汇教学中,质和量是分不开的,词汇越多,词汇之间的联系性与系统性就越强,学生进行词汇巩固的自然度就越高。所谓逐层加深,指的是对于词汇的教学不可能一次性教授词汇的所有语义，学生也不可能一次性掌握全部知识点，因此词汇的教学与学习都应该有一个由浅入深的过程。也就是说，词汇教学不能急于求成，教师要在教学中让学生不断掌握每一个词的音、形、义、用，程度不断推进与加深，如此才能不断提升英语词汇教学质量，并使学生在点滴积累中提升词汇学习的效果。

4. 联系文化原则

由于词汇学习的目的是更好地进行跨文化交际，而且词汇与文化关系密切，因此大学英语词汇教学的开展需要遵循联系文化原则。在英语词汇教学过程中，无论是在词义还是结构方面都应该与语言背后的文化相联系。对于语言蕴含的文化的理解有助于加深学生对词汇的理解，并能使学生掌握词汇演变的规律，更加全面、有效地使用词汇。例如，news 事实上是由 north，east，west 和 south 每个词的首字母构成的，了解了这一点，学生就不难理解其含义为什么是“新闻”了：news 是指来自四面八方的消息。

5. 回顾拓展原则

遗忘是学生在词汇学习中遇到的普遍问题，而且学生每天都在学习新的词汇，如果不对已经学过的词汇进行复习和巩固，就更容易遗忘。因此，在大学英语词汇教学中教师要遵循回顾拓展原则，即将新旧词汇相结合，利用已教过的词汇来教授新的词汇，这样既能让学生巩固已学过的词汇，又能有效拓展新的词汇。需要注意的是，词汇知识的回顾是为词汇拓展服务的。教师需要拓宽学生的词汇接触面，增强学生对词汇的理解程度，在原有词汇基础上提升学生的语言运用能力。同时，在词汇教学过程中教师需要把握好回顾拓展原则的界限，教学的进行需要考虑学生的具体词汇接受程度，否则无效的词汇拓展只会加深学生理解的难度，降低学生对词汇学习的兴趣。

6. 词汇运用原则

学习词汇是为了使用词汇。词汇运用原则要求教师在教学过程中注意词汇运用知识的传授。也就是说，教师不仅要对词汇的基本含义进行介绍，还应该从语境和语言运用的角度让学生理解词汇的具体用法。遵循词汇运用原则的大学英语词汇教学应该注意以下几个方面的问题。首先，词汇运用活动的设计应该符合学生的特点。其次，在词汇教学过程中应该培养学生的词汇联想能力。最后，在词汇教学过程中要注意词汇练习，保证练习的质量，有效提升词汇运用的效果。

7. 新潮性原则

当代大学生生活在大数据时代，思想开放，想法新潮，而且学习生活与信息联系密切。对此，大学英语词汇教学也应与时俱进，体现新潮性。例如，教师在教授课本中的词汇时，可以加入一些相关的热词、新词，如 selfie（自拍），bestie（闺蜜）等，让学生感受语言的鲜活性和发展性。

二、大学英语词汇教学中的文化差异

每一个民族的语言背后都隐藏着深厚的文化，文化会最先通过语言中的词汇表现出来，而且不同民族间的文化差异在词汇上的表现也最为明显。因为中西方文化的不同，英汉词汇的内涵与外延也有着极大的不同，这种差异对英语词汇的教与学都有着较大的影响。

（一）英汉词汇的概念意义相同或相似

同一个词语在英汉语言中可能有着相同或相似的联想意义和指示意义。例如，swan 在英汉语言中既有“天鹅”的意思，又有“高雅的人或物”的意思。但是，在英语中，swan 还表示“才华横溢的优秀诗人”。再如，fox 在英汉语言中既有“狐狸”的意思，又有“奸诈，狡猾”的意思。在大学英语词汇教学中，当遇到这种词汇时，教师应详细讲解它们的联想意义和指示意义的相同和不同之处，让学生清楚它们的异同，进而能正确使用它们。

(二)英汉词汇的概念意义相同但内涵意义不同

英汉语言中有些词汇的概念意义相同，但因为词汇文化背景不同，所以这些词的文化内涵并不相同。例如，politician 在英语中指牟取个人私利、使用诡计、不择手段的政客；但在汉语中仅指从政的人。再如，peasant 在英语中主要指素质低下、未受过良好的教育、言行粗鲁的人；但在汉语中仅用来指在农田里劳作、干活的人。因此，在大学英语词汇教学中，教师除了要讲解词汇的概念意义，也要注意讲解其内涵意义，使学生更准确地使用所学词汇。

(三)只在英汉某种语言中有特定文化内涵的词汇

因为民族文化的特殊性，有些词汇有着特定的文化内涵。以植物词汇为例，英语中一些植物的名称有着独特的联想意义，如英国的 yew(紫杉)通常在墓园中种植，所以带有一种悲哀的情绪；lily(百合花)在西方人看来就是大自然的恩赐，一般象征纯洁、高贵、完美无瑕，但这种花在汉语中仅为一种植物的名称。汉语中也常常用植物抒发一些特殊的情感，不同植物的特定形态和习性往往可以引发不同的联想。例如，红豆有相思之意，这可以从王维的《相思》：“红豆生南国，春来发几枝。愿君多采撷，此物最相思。”中得到体现。可见，诗人赋予红豆一种浓厚的感情色彩。再如，成语“胸有成竹”主要表达坚定的决心和信念，并且“竹”本身也代表崇高、坚定和谦逊的品格和情操。

文化具有独特性，体现在一种词汇在另一种语言背景下出现语义空缺，这种“词汇空缺”现象十分常见。这种空缺的词汇常常会使处于另一种文化背景下的使用者很费解。例如，英语文化中的 hippie(嬉皮士),montage(蒙太奇)等虽然可以用汉语表达,但一般都是音译或假借而来的,其实在汉语中并没有真正的对应词汇。再如,中国传统文化中的“风水”“阴阳”“乾坤”“炕”等概念在英语中并不存在。学生习惯了通过寻找相对应的词义来学习英语词汇,而这种词汇空缺现象必然会对学生的英语词汇学习造成影响,自然也会对英语词汇教学造成影响,因此这种现象应引起教师和学生的重视。在具体的大学英语词汇教学中,教师应采用释义法对这些词汇进行讲解,详细说明它们在英语中的含义及使用情况,从而让学生对它们的概念和意义有清晰的认识。

三、大学英语词汇教学中跨文化教育的方法

由上述内容可以看出,文化对大学英语词汇教学有着重要的作用,大学英语词汇教学在强调语言知识教学的同时,应重视文化方面的教学,从而切实提高学生的英语词汇能力。具体而言,可以采用以下几种方法开展跨文化教育。

(一)文化教学法

在大学英语词汇教学中,教师可以采用文化教学法开展教学,即在教学中融入文化知识,以丰富学生的文化知识,提高学生的词汇运用能力。具体来说,教师可以采用以下几种方法开展文化教学。

1. 融入法

在我国,课堂是学生学习英语的主要场所,学生基本都是在汉语环境下学习英语的,较少接触英语环境,更少了解英语文化,所以他们在遇到与课文相关的文化知识时,往往会感到迷惑。此时,教师就要积极发挥其主导作用,在课堂教学中融入一些英语文化知识,即在备课时精选一些与教学相关的典型的文化信息材料,将它们恰到好处地运用到课堂上,以增加课堂教学的知识性、

趣味性，活跃课堂气氛，加深学生学习内容的深度和广度，激发学生的求知欲。例如，对于 the Big Apple 这一表达，学生基本知道其字面含义，也有部分学生知道其是纽约市的别称。但大部分学生并不知道其为什么是纽约的别称，此时教师可以向学生介绍美国的历史文化，这样可以丰富学生的英语文化知识，开阔学生的视野。

2. 扩充法

课堂教学时间毕竟是有限的，因此教师可以引导学生进行自主学习，即让学生充分利用课外时间来扩充词汇量，丰富自身的词汇文化知识。具体来说，教师可以采用以下几种方式。

(1)推荐阅读

词汇的文化内涵是极其丰富的，涉及生活的方方面面，教师在课堂上不可能讲授所有相关的文化知识。因此，为了扩大学生的知识面，丰富学生的词汇文化知识，教师可以有意识地指导学生进行课外阅读。教师可以有选择性地向学生推荐一些英美国家的社会文化背景知识的优秀书刊，如《英美国家概况》等，还可以引导学生阅读原文名著，让学生深刻体会英美民族文化的精华。这不仅能培养学生的自主学习能力，还能丰富学生的文化知识，扩充学生的词汇量。

(2)开展实践活动

跨文化交际能力不仅包含丰富的语言文化知识，还包含扎实的实践能力，即通过实际交际来感受不同文化间的差异，从而形成对文化差异的敏感性，并在交际实践中提升自己的语言理解和语言产出能力。因此，教师应积极为学生创设情境，鼓励学生积极参与实践活动，从而丰富学生的词汇文化知识。教师还可以组织学生参与英语角、英语讲座等，让学生接触地道的英语，在英语语境中学习文化知识。

(3)观看英语电影

很多英语电影都蕴含着浓厚的英美文化，而且语言通俗、地道，因此教师可以引导学生观看一些英语电影。观看英语电影不仅能调动学生的积极性，而且能让学生切实感受英美文化，接触地道的英语，这对提高学生的文化素养和英语能力十分有利。

3. 对比分析法

英汉文化在很多方面都存在着差异，通过对英汉文化的对比分析，可以帮助学生对英汉文化有更加深入的了解，从而获得跨文化交际的敏感性。因此，在大学英语词汇教学中，教师应有意识地对英汉词汇文化进行比较分析，使学生了解中西方文化的差异，深刻地理解和掌握词汇文化的内涵。

例如，教师可以通过对学生讲述及对比中外美食的差异，来达到让学生学习内化有关食物（food）、食材（material and stuff）、味道（flavor and taste）、质地（texture）等英语词汇的目的。具体而言，课前要求学生自行观看《舌尖上的中国》（*A Bite of China*）、《食神》（*The God of Cookery*）等视频及影片，让学生根据视频影片中的英文字幕了解相关内容及词汇表达，并制作 PPT。然后在课堂上以小组为单位进行讨论，要求学生根据之前观看的影片内容以及结合课内单元所学的词汇把单词罗列出来，并通过网上搜索的形式进行补充、汇总。接着教师呈现一些单词，如 cookie，pastry，popcorn，biscuit/cracker，porridge，spring rolls，wonton，tofu，dim sum，French fries，potato chips，asparagus，bland，soggy，crispy，buttery，crunchy，oily，creamy，sour，spicy 等，单词可以以图片结合文字、实物等形式用 PPT 在投影上展示，在规定的时间内让学生熟悉这些单词。另外，教师要为学生提供一些重点句型，如 This is my favorite…；Why don't we…；My suggestion is…；If I were you，I would…；It might be a good idea for us to…；I prefer…to…等。进而要求学生将关于中国美食（包括地方美食）、欧美地区美食、东南亚美食、拉丁美洲及南美地区美食及饮食文化习惯的词汇进行归类，以小组为单位，利用多媒体教室的电脑对之前做的 PPT

进行修改和补充。之后，将学生分为四人小组，或让学生自行组成四人小组，结合自身的旅游经历，运用之前补充并学习的词汇来描述国外美食、中华传统美食（包括地方美食），并谈论自己喜爱的食物，或进一步运用词汇和短语讨论美食与健康养生之间的关系。例如：

I prefer spring rolls（春卷），chow mein（炒面），jiaozi（饺子）and wonton（馄饨）are also my favorite，why don't we have a try?

I lived in Thailand for 6 months，so I love Thailand food so much. Maybe it's too spicy for you，but not for me. I came home a month ago. The food in my hometown tastes so bland—I don't like it anymore.

I have a "sweet tooth"，which means I like sweet food. Dessert is my favorite；I like anything with chocolate in it.

I think I am overweight，so I need to go on a diet. I have to give up my favorite buttery food. Actually I know the creamy and buttery food is bad for my health. But it's too hard.

Indeed I prefer healthy foods to buttery，oily or sweet food. Actually vegetables and fruits supply more vitamins，fibers and minerals，which are quite good for health.

之后，教师让学生上台展示所做的PPT内容，描述中外各国美食，并发表自己的看法。

通过这样的活动，学生获得了充分运用各种词汇和短语来描述中西方饮食文化的机会，学习的兴趣会得到充分激发，而且能将所学的知识运用于实践，提高跨文化意识和能力。

（二）词汇记忆法

词汇的记忆和积累对于词汇的掌握和运用至关重要，所以在大学英语词汇教学中，教师首先要教授学生如何记忆词汇。具体而言，教师可向学生介绍以下几种记忆词汇的方法。

1. 归类记忆

(1)按词根、词缀归类

词汇记忆是非常枯燥的，但通过词根、前缀和后缀来记忆可以有效提高记忆效率，使学生逐渐扩大词汇量，而且能降低词汇记忆的枯燥感。例如：

sub-(表示"下、次、分")：subnormal(低于正常的)，subway(地下通道)，subheading(小标题)，submarine(潜艇)

re-(表示"再、复")：react(反作用)，rebuild(重建)，reconsider(重新考虑)，reaffirm(重申)

(2)按题材归类

日常交际会涉及多个不同的话题，针对某一话题，教师可将与这一话题相关的词汇进行归类教授，这样可使学生的词汇学习形成系统，让他们有一个系统的记忆，如图 4-1 所示。

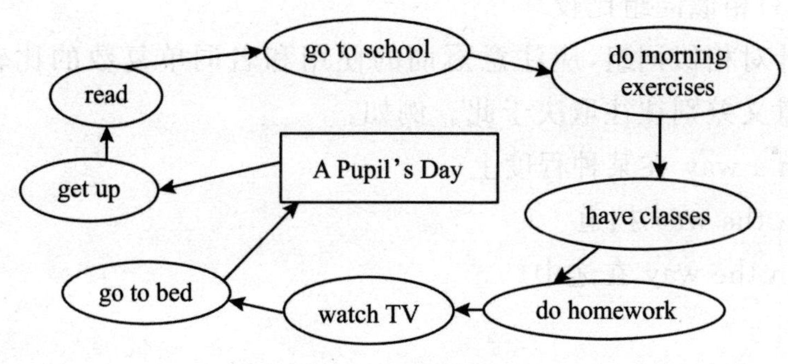

图 4-1　按题材归类

(资料来源：林新事，2008)

由图 4-1 可以看出，与"A Pupil's Day"这一话题相关的单词有很多，这样的记忆更加系统，而且更加有效。

2. 比较记忆

在记忆词汇的过程中，一些词与词、短语与短语之间的相同、相近、相异之处常常会让学生感到困惑，此时就可以运用比较记忆策略,在比较中把握词汇含义,加深词汇记忆。

(1)近义词比较

近义词间意义相近,但也存在一些细微差别,通过比较近义词,可以有效区分这些单词,并加以掌握。例如,ascend,enhance,hoist,heave,elevate 这五个词都有"上升"的意思,但 ascend 一般是指位置的上移,它所对应的反义词是 descend;而 enhance 一般是指对好的抽象事物的提高,如 efficiency,reputation 等,这些都是褒义词,又都是抽象的,可以放在 enhance 后作宾语;hoist,heave,elevate 一般是指提高实际存在的重物,如 building materials 等。

(2)近形词比较

近形词就是单词间拼写十分相似的词。比较分析近形词,能帮助学生快速掌握一系列单词。例如,clap,slap 这两个单词,是典型的词头相近近形词。clap 的意思是拍手(可以把 c 想象成手掌);slap 是打耳光的意思(耳光打在脸上会发出/s/的声音)。

(3)相似词组比较

针对相似词组,应注意冠词的使用和名词单复数的比较,它们的意义差别往往取决于此。例如:

in a way 在某种程度上
in the way 挡道
on the way 在途中

in a moment 立刻
for a moment 一会儿、片刻
at the moment 此刻

on board 登机,登船
on the Board 在董事会上

behind the time 过时
behind time 迟到、延误

(4)功能易混词比较

英语中的形容词与副词同形，以下这些不带-ly的词，既是副词，又是形容词：firm—firmly，first—firstly，dear—dearly，fair—fairly，loud—loudly，quiet—quietly，thin—thinly等。

此外，同根的两个词，一个可能是形容词或副词，另一个则是根词加-ly派生出来的，两者的用法和功能可能存在着较大的差异。例如：

deep—deeply：drink deep，deeply regret

easy—easily：go easy，win easily

hard—hardly：work hard，hardly any food

pretty—prettily：sit pretty，smile prettily

rough—roughly：sleep rough，roughly twenty

sure—surely：I sure I'm late，surely fail

3. 联想记忆

联想记忆就是以某一词为中心，联想出与之相关的尽量多的词汇，这样不仅可以有效记忆词汇，而且可以培养学生的发散思维，如图4-2所示。

通过图4-2可以看出，由单词meal可以联想到许多与之相关的词汇，这不仅能提高记忆的效率，扩大词汇量，还能拓展思维能力。

4. 阅读记忆

通过阅读来学习词汇，不仅可以有效记忆词汇，还能加深对词汇的理解，了解词汇在具体语境中的运用情况。阅读分精读和泛读，通过精读可以进行有意识的记忆，通过泛读可以进行无意识的记忆，在泛读中可以巩固精读中所学的词汇。在具体的学习过程中，学生可将精读与泛读结合起来，从而加深对词汇的记忆。

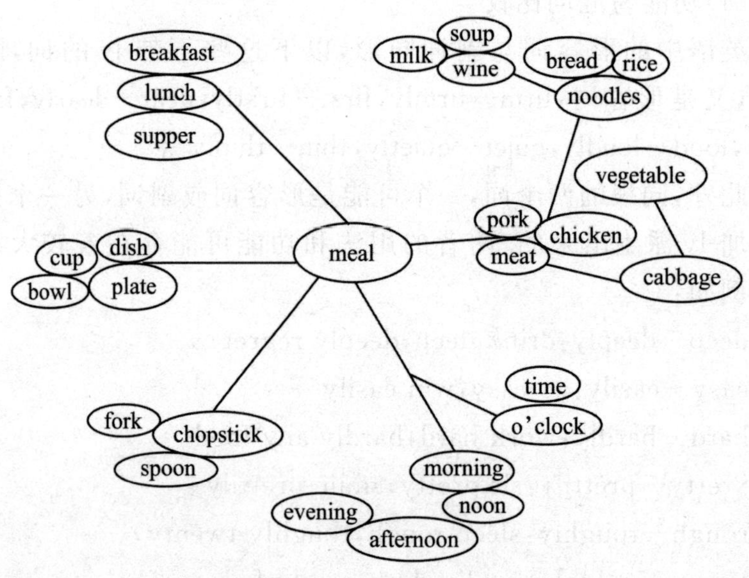

图 4-2 meal 的词汇联想

（资料来源：何少庆，2010）

（三）词汇游戏教学法

网络游戏改变了单一的人机对话方式，开始逐步强调人性化交流，并伴随着计算机网络技术发展而迅速发展起来。网络游戏为游戏者提供了一个逼真、互动、多样、平等的虚拟世界，作为一种新的教学方式迅速普及和发展起来。

近年来，出现了很多教学游戏软件，通过这些游戏软件，学生可以在玩游戏的过程中理解和掌握需要学习的单词，如跳跳熊单词拼写游戏、单词游戏乐园、玩游戏背单词等英语词汇教学游戏软件。学生通过运用这些词汇教学游戏软件，可以在游戏的语境中练习各类单词的发音、拼写、记忆等。词汇教学游戏的广泛应用，有利于提高学生学习英语词汇的乐趣。游戏能为学生提供和创设丰富、逼真的学习环境，激发学生的学习兴趣，使学生在愉悦的氛围中掌握所学知识。

具体而言，教师应用游戏来改进传统词汇教学模式的弊端。传统的词汇教学方式一般是教师先读单词，然后学生跟着读，最后教师逐个讲解单词的含义，学生在学习单词的过程中一直处于被动的状态。然而，通过运用英语词汇教学游戏进行英语课堂教学，有利于转变传统的词汇教学模式。生动活泼的小游戏能够使学生更好地理解和掌握自己所学的词汇，从而快速、准确地熟悉各类短语和对话，一般通过人机交互或者人人交互吸收学习到的知识。词汇教学游戏的方式有利于克服传统词汇教学方式单调陈旧和课堂组织形式保守等各种弊端。

另外，教师可以应用词汇教学游戏，为学生创设真实、地道的英语词汇学习环境。一方面，以多媒体作为主要载体的教学游戏能够为学生创设良好的学习英语的环境。学习时可以提供真实、地道的语言资料，配以原汁原味的英美文化插图、游戏，让学生有种身临其境的感觉，从而不自觉地将自己置身于英语语言环境中学习英语词汇。另一方面，学生可以在玩游戏的过程中体验西方文化，加深对中西方文化差异的理解。教学游戏可以为学生学习英语提供非常感性的材料，教学游戏可以将学生学习的背景文化设计成各种游戏情节，在学生体验游戏的同时，加深学生对西方文化的全面了解。

需要注意的是，任何事物都具有两面性，教学游戏也是如此。教学游戏不仅有积极的一面，利于给学生创造真实的语言环境，从而帮助学生学习英语词汇；还有消极的一面，由于很多学生缺乏自身的自我约束力和控制力，导致长期沉溺于网络游戏的虚拟世界中，危害他们的身心健康，影响学习。因此，在运用游戏软件进行大学英语词汇教学的过程中，需要辩证地看待游戏的运用。

(四)歌曲教学法

英语词汇的学习比较枯燥，而且课堂氛围较沉闷，很多学生都对词汇学习缺乏兴趣，如何提高词汇学习的效率，一直都是困扰教师的一个问题。经典的英文歌曲涉及大量的英语词汇和规范用法，是学生积累英语词汇、提高口语表达能力的有效素材。

所以,在大学英语词汇教学中,教师可以适当播放一些经典的英文歌曲,让学生在欣赏歌曲的同时,激发学生学习词汇的兴趣,提高学生学习的能动性,增加学生的词汇量,提高学生的语感,培养学生的英语思维。但是,如何选择歌曲是教师需要考虑的问题。具体而言,教师应选择具有以下特点的歌曲。

1. 认知度和传唱度较高

采用经典英文歌曲来辅助词汇教学,对于激发学生的学习兴趣、提高学生的词汇水平具有积极的作用,所以大学英语词汇教学中常采用经典英文歌曲来辅助教学。通常,欧美的英文歌曲比较有代表性,而且认知度和传唱度较高,尤其是那些耳熟能详的电影主题曲或插曲。例如,*Yesterday Once More*,*The Sound of Silence*,*Yellow* 等经典的电影主题曲都是学生非常熟悉的。当旋律响起时,学生的学习兴趣和动力就会被激发起来,课堂气氛也更加活跃,学生能在轻松的氛围中学习英语词汇。

2. 包含大量的英语词汇

现在的很多流行歌曲都是流水歌,歌词简单重复。而经典英文歌曲词汇丰富,词汇表现形式多样,被动式、主动式、现在时、过去时等应有尽有,是学生学习英语词汇的极佳材料。所以,教师应选择富含大量英语词汇的经典歌曲。

3. 歌曲优美,意义深刻

经典英文歌曲之所以广受欢迎,与歌曲本身的质感有很大关系。首先,在旋律上,经典英文歌曲大多柔和舒缓,使人感觉轻松惬意。其次,在歌词上,经典英文歌曲词句优美,能够吸引学生的注意力,激发学生的学习兴趣。最后,在主题上,经典英文歌曲的主题或深刻隽永,或积极向上,能帮助学生树立正确的世界观、人生观、价值观。

第二节　大学英语语法教学中的跨文化教育

语法是语言中的词、词组、短语及分句的排列规则、规律和方式，要想掌握一门语言，就必须掌握其语法规则。可以说，学生的语言学习时时刻刻都在受语法的支配。语法学习是为了跨文化交际服务的，所以在大学英语语法教学中，教师除了教授学生语法知识，还应开展文化教育，不断丰富学生的文化知识。

一、大学英语语法教学概述

（一）大学英语语法教学的目标

关于大学英语语法教学的目标，《高等学校英语专业英语教学大纲》提出了如下具体要求。

入学要求：

（1）能识别词类。

（2）区分名词的可数性和不可数性，区分可数名词的单、复数形式。

（3）基本掌握各种代词的形式与用法，基数词和序数词、常用介词和连词、形容词和副词的句法功能，比较级和最高级的构成及基本句型、冠词的一般用法。

（4）了解动词的主要种类、时态、语态及不定式和分词的基本用法，句子种类、基本句型和基本构词法。

二级要求：

掌握主谓一致关系、表语从句、宾语从句、定语从句和状语从句等句型，直接引语和间接引语的用法，动词不定式和分词的用法,各种时态、主动语态、被动语态和构词法。

四级要求:

(1)熟练掌握主语从句、同位语从句、倒装句和各种条件句。

(2)初步掌握句子之间和段落之间的衔接手段。

六级要求:

较好地掌握句子之间和段落之间的衔接手段,如照应、省略、替代等。

八级要求:

(1)较好地掌握句子之间和段落之间的衔接手段,如照应、省略、替代等。

(2)熟练地使用各种衔接手段,连贯地表达思想。

(二)大学英语语法教学的原则

大学英语语法教学的有效开展应以科学的原则为保障。也就是说,在大学英语语法教学中,教师应遵循一定的原则,以确保教学高效地开展。

1. 循序渐进原则

人们对事物的认知往往都要经历一个由浅入深、由简单到复杂的变化巩固过程,不可能一次完成。语法学习也要经历这一过程,这样才能更加牢固地掌握语法知识。根据这一规律,教师在教学中就要遵循循序渐进原则,即遵循由表及里、由一般到特殊的原则。此外,教师在教授语法点时要不断循环往复,这种循环往复并不是简单地重复,而是根据具体情况有变化的重复,以使学生在“认识—理解—掌握—运用”的过程中掌握语法。

2. 以学生为中心原则

以学生为中心的原则倡导教师的一切教学工作都要围绕学生的需求展开。语法教学作为英语教学的重要组成部分,同样必须遵循以学生为中心的原则。根据建构主义理论的观点，学习不是单纯地接受知识的过程，而是学生一起参与各种学习活动的过程。在这一过程中，外部语言输入固然重要，但是学生个体在社会交际活动中对输入的处理、转换和内部生成在语言学习中更加重要。换句话说，在大学英语语法教学中，教师应以学生为中心，充分发挥学生的积极性，鼓励学生参加语言活动，让学生自己完成语法规律的发现、学习和掌握，从而培养学生的语法学习兴趣。

3. 真实原则

大学英语语法教学要遵循真实原则，这一原则与交际原则是相辅相成的。语言学习是为了交际，现实中的交际都是真实的，所以语法教学要具有真实性。这样语法不再只是一些抽象的规则，而是交际生活中必不可少的组成部分。学生在这种真实的教学中能提高有效学习的兴趣，了解语言运用的语境，从而提高学习的效率。

4. 系统原则

我国的大学英语语法教学普遍存在系统性不强的问题。语法教学的系统性不强，使学生机械、孤立地记忆语法知识，对一些相近概念掌握得较模糊，容易混淆，导致学生即使在学习了多年英语之后，在口语和书面语写作上仍然容易犯各种初级错误，如人称错误、时态错误等。

实际上，语言并不是无章可循的，语法知识尤其如此，看似庞杂无序、零散孤立，实际上有自身内在的规律。因此，大学英语语法教学也要相应地遵循系统原则，让学生不但牢记一个个语法项目，而且能注意各语法项目之间的关系，从而建立一个语法知识体系。

5. 精讲多练原则

大学英语语法教学应遵循精讲多练原则。英语语法规则本身就比较烦琐，所以教师在教学中讲解语法规则应避免赘述，力求所讲之处一语中地、切中要害，并且充分利用各种教具，通过一些形象、直观的方式讲解，从而使学生从“懂语法”到“会语法”。在精讲之后，教师通常还要借助大量的练习，并且练习的方式应丰富、多样，如采取英汉互译、改错以及应用性写作等训练方式。此外，在具体进行举例时，教师应与学生的现实生活和工作贴近，具有鲜明的时代特点，尽量避免列举一些陈旧的例子，并且所选择的例子应尽可能有利于激发学生思维的积极性，促使学生主动参与教学活动。

6. 情景性原则

大学英语语法教学要坚持情景性原则。换句话说，要重视语法在现实生活中的灵活运用。为此，教师应多注意收集学生感兴趣的话题，并将它们设计成相应的情景，通过生动活泼的语言呈现给学生。教师还可以借助时事、新闻等进行编排，为学生练习语法提供生动真实的材料。

7. 启发性原则

在新的教学理念下，教师应改变传统的教授方式，避免直接给学生传授语法知识，可以针对语法项目提出问题，引导学生自主观察、发现、归纳和解决问题。对此，教师在语法教学中要特别注意学生的认知和心理特点，向学生提供一些具有挑战性的语言材料，引导学生自主发现语法规则，给学生留下充足的思考空间。例如，在教授直接引语和间接引语时，教师不应直接呈现语法规则，而是先给出范例，如“I'm doing a biology experiment now.”和“He was doing a biology experiment then.”，让学生观察并总结变化规则，进而归纳语法规则，掌握其用法和功能。

8. 交际原则

教师在大学英语语法教学中坚持交际原则有助于为学生的

听、说、读、写、译技能的发展提供支持，为学生语言综合运用能力打下基础。为了贯彻交际原则，教师在语法教学中可以从以下两点入手。

(1)引导学生多阅读，坚持阅读多多益善的原则，因为通过阅读，学生可以体会到语法的生命力，也能够切身体会到语法在语言中所起的具体作用。

(2)通过模拟情景进行模拟交际。在必要的语法操练的基础上，教师应尽可能地创设交际性语言环境，运用实物、图片、动作、表演以及电化等设备，创造真实或半真实的交际活动，使学生在活动中感知、理解和学习语言，发展语法技能。

9. 文化关联原则

文化与语言的紧密关系是众所周知的，所以文化与语法之间也有着密切的关系。在大学英语语法教学中，教师应注意文化因素对学生学习的影响，并有意识地联系西方文化，将英语还原至当时的语境中，以便帮助学生理解和记忆语法知识。总之，在大学英语语法教学中遵循文化关联原则，有助于加深学生对语法的认识，提高学生的语法运用能力。

二、大学英语语法教学中的文化差异

文化的不同决定了语言之间的差异，这种差异在语法上也有着显著的体现。语法是语言交际的基础，掌握不好语法，不了解英汉语法方面的差异，就不能准确表达思想，也就不能流利地进行交际。下面就来介绍因英汉文化差异而导致的英汉语法差异。

(一)构建方式的文化差异

1. 英语注重形合

形合(hypotaxis)是指英语句子之间主要通过语法手段来连

接。具体来说，以形显义是英语句法的重要特征。为了满足句义表达的需要，有时应将句子中的词语、短语、分句或从句进行连接。英语中常采取一些语法手段，如关联词、引导词等，以此来从意义与结构两个方面实现句子的完整性。例如：

And he knew how ashamed he would have been if she had known his mother and the kind of place in which he was born, and the kind of people among whom he was born.

他有这样的母亲，出生在这样的地方，出生在这样的人中间，要是这些都让她知道的话，他知道该有多丢人。

上述例子包含宾语从句、条件状语从句以及两个定语从句。尽管具有较为复杂的结构，但其内在的逻辑关系十分清晰，这正是英语形合的典型特点。

2. 汉语注重意合

意合(parataxis)是指句间与句内的联系主要依靠意义之间的逻辑关系。与英语中的以形显义形成鲜明对比的是，汉语往往呈现形散神聚的特征。具体来说，顺序标志词、逻辑关系词等明显的连接形式在汉语中较少出现。汉语句子的含义常常通过动词来表示，并且读者往往需要进行积极思考才能将句子的内在逻辑关系梳理清楚。例如：

盼望着，盼望着，东风来了，春天的脚步近了。

一切都像刚睡醒的样子，欣欣然张开了眼。山朗润起来了，水涨起来了，太阳的脸红起来了。

(朱自清《春》)

上述两例过渡自然、主题集中，且几乎没有使用连词，充分体现了汉语意合的特点。

(二)句子成分的文化差异

在句子成分方面，英汉语言的差异主要体现在以下几个方面。

(1)从整体上来看,汉语中有六大句子成分,分别是主语、谓语、宾语、补语、定语、状语。在英语中没有补语,而是用状语代替补语的功能。英语中的表语在汉语中则属于宾语。例如:

He lives here for three years.

他在这里住了三年了。

在上面这句话中,for three years 不能被当作补语,在英语中它是状语。再如:

他是医生。

He is a doctor.

在上面这句话中,doctor 不能说是宾语,只能说是表语。

(2)在主语方面,英汉语存在很多差别。英语中常用 it 作主语,这种现象在汉语中是没有的。例如:

It is raining.

上面这句话应当译为"下着雨呢"而不是"它在下着雨呢"。

汉语中的一些主语在英语中就变成了定语或者宾语。例如,汉语中的"这几本新书他想要"这句话,"这几本新书"是主语,但是在英语中只能说"He wants some new books."这里的 some new books 只能作宾语。

(3)在宾语方面,英汉语言也不同。例如,在汉语中,下面几句话中的"人"都是宾语。

教室里坐着十几个人。

窗户边站着一个人。

里面走出来一个四十多岁的人。

但是在英语中,"人"只能作主语,因此上述三句话的译文分别如下。

More than ten people are sitting in the classroom.

A man is standing by the window.

A man who is in his forties came from inside.

当然,由于汉语表达十分灵活,一些主语和宾语可以互换位置。上面三句话也可以说成"十几个人坐在教室里""一个人站在窗户边”“一个四十多岁的人从里面走出来”。

(4)在英语中，表语可以说是一种极为重要的词类，汉语中则没有。例如：

That remains is a puzzle to him.

那个废墟对他来说是谜一般的事物。

在上面原文中，puzzle 充当句子的表语，其作用是修饰和说明主语的形态、状态与特征。这类表语在汉语中则是不需要的，汉语中仅用单一词汇就能表达同样的功能。

(5)在其他句子成分方面，英汉语也存在差别。例如，英语的定语、状语等可以用从句表示，汉语中则没有地道的从句。再如，汉语中有“把”字句，英语中则没有。汉语中“把”字句里的状语在英语中只能用宾语来表示。

(三)句式方面的文化差异

汉语中有非常多的非主谓句，既有由一个词构成的非主谓句，又有由各种短语构成的非主谓句。例如：

好！

滚！

火！

听！

不！

证件！

好球！

哎呀！

胆小鬼！

好极了。

下雪了。

卖菜的。

我的衣服呢?

英语中虽然也不乏非主谓句，但整体来看此类句子所占的比重很少。例如：

Plane!

飞机！

Wonderful!

妙极了！

汉语中的“下雪了”在英语中通常表达为“It is snowing.”，“我的衣服呢？”在英语中通常表达为“Where is my cloth?”可见，它们都不是非主谓句。此外，在汉语中有一种特殊的主谓谓语句，英语中则没有。例如：

他身体健康。

这个故事我没有听到过。

上面两句话中，谓语都是主谓短语。在英语中则分别表达如下。

He is healthy.

I haven't heard of this story.

三、大学英语语法教学中跨文化教育的方法

为了提高学生的语法水平，培养学生的跨文化交际能力，教师应灵活选用有效的教学方法，在大学英语语法教学中实施文化教育。

（一）三维教学法

一直以来，英语教师都倾向于两种教学方法：一种是注重语言形式或语言分析的教学方法，另一种是注重语言运用的教学方法。这两种方法各有侧重，但在实践中将两种方法结合起来才会更加有效。从交际角度而言，语法不仅是各种形式的集合，语法结构也不仅有句法形式，也可以运用具体的语言环境来表达语义，可以将这三个方面表述为形式、意义和用法。美国语法专家

拉森·弗里曼(Larsen Freeman,1995)提出了基于Form,Meaning,Using三个维度的三维教学法,将语言的形式意义和用法有机结合起来。其具体模式如图4-3所示。

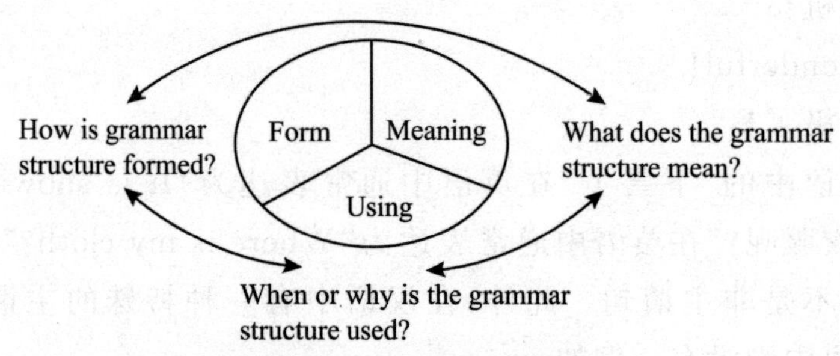

图4-3　三维语法教学观

(资料来源:邓道宣、江世勇,2018)

三维教学法的实施包含五个步骤:热身运动、发现语法、学习形式、理解意义、应用语法。

热身运动是对上一课堂要点的复习,通过一些参与性活动,如听歌、表演、竞赛等形式,让学生对新的内容有所了解,调动学生的背景知识,激发学生的求知欲望。

发现语法就是在热身运动的基础上初步发现和探索语法规则,为接下来的教学活动做好准备。

学习形式是指学生通过教师讲解和引导,在感知和发现语法现象的基础上,以语法结构的形式总结出语法规则。在课堂教学中,这部分内容表现为回归课文阅读文章,通过阅读文章找出类似的形式和结构。这一阶段过后,学生能够为下一步理解、操练规则做好准备。

理解意义是指设计以意义理解为主的活动,从而促进学生对语法项目的理解,为语法应用奠定基础。

应用语法是指教师为帮助学生掌握语法规则、提高其语法应用能力所设计的语篇意识强、交际性好、能够促进思维发展的任务或活动。

实际上，上述几个步骤并不是一成不变的，教师可以根据教学的具体情况进行调整。

（二）语法练习法

语法教学的目的不仅仅是丰富学生的语法知识，重要的是让学生能够将知识运用到实际中，从而更好地培养学生的综合素质和能力。因此，语法教学就需要教师对语法练习进行科学、合理的选择和设计，有效地组织学生进行语法项目的操练。但是，采用练习法来操练语法项目并不是盲目进行的，而是分阶段进行的，通常教师需要遵循循序渐进的原则来让学生达到熟练应用的目的。一般而言，运用语法练习法包括以下几个步骤。

首先，进行机械式训练。教师需要通过模仿、替换、不断重复来进行机械式的训练。机械式练习通常要求学生达到不用理解句子的含义就能做出迅速、正确的反应的能力。

其次，进行内化训练。在完成机械式训练之后，教师可以通过造句、仿句、改句、改错、翻译等方式来内化训练。内化训练通常要求学生围绕教学内容进行，要求学生达到熟记、理解的程度，并能做出正确的反应。

最后，进行交际操作训练。在机械式训练与内化训练的基础上，教师可以借助场景对话或问答等形式的口语训练进行最后的交际操作训练。这种训练方式要求学生能综合运用所学的语法知识，能组织语言且迅速做出反应和回答问题。

（三）归纳与演绎教学法

行为主义理论认为，外语是通过类比推理的方式来习得的，因此需要特别强调归纳法。归纳教学法是一种发现型教学方式，通过分析、总结语言使用规律，深化学生对语法的理解，提高学生发现、解决问题以及对比、归纳语法知识的思维能力。归纳教学法具体包含三个步骤：一是观察，二是分析和比较，三是归纳和概括。具体而言，归纳教学法先由教师呈现一些具体的语言材料，这些语言材料中包含所要学习的语法规则。之后引导学生在这些语言材料的基础上归纳、总结出语法规则。教师在呈现语言材料的时候可辅以图片、实物、影像等直观材料，为学生创设一个真实的情景，这在激发学生积极性的同时，能帮助学生建立语法规则与语言情景之间的联系，而且能避免教师填鸭式教学的弊端。

演绎法与归纳法正好相反，它是指教师先引导学生对所学语法规则进行初步理解，然后举例验证所学语法规则的教学方法。演绎教学法主要涉及三个步骤：提出语法规则，举例，解释语法规则。采用演绎教学法进行语法教学是一个从理论到实践的过程。这种教学方法易于操作、省时省力，替换或变换是最常采用的练习方式。演绎教学法比较适用于具有强烈学习动机的学生以及一些复杂的语法规则的讲解。演绎教学法能够有效激发学生的学习积极性和自信心，有助于学生对语法知识的准确掌握。

(四)语境教学法

语法与具体的语境紧密相关，语法是通过具体语境来呈现的，所以结合语境来教授语法是一种非常有效的方法。学生在语境中对语法规则进行体验、感悟、总结和运用，不仅能够很好地学以致用，而且对提升学生的交际能力也大有裨益。借助语境进行语法教学有效弥补了传统语法教学中忽视外在语言环境这一不良的情况，具体可通过以下几种方式来设计语境。

1. 借助现实场景来设计语境

在我国，语法教学多发生在课堂这一特定的时空中，而且相对枯燥。实际上，一些表面看起来比较单调乏味的语法教学活动也蕴含着一些鲜活的情景语境，因此教师应善于发现并对这些现实场景进行充分利用，结合语法规则的特点来设计语境。以祈使句这一语法项目的讲解为例，祈使句的主要功能为表达命令、指示和请求，或者可以用来表示劝告、建议、祝愿和欢迎等意义。在具体的语法教学中，教师就可以利用师生、生生之间的关系并配合一定场景来开展相应的情景教学。

2. 借助多媒体教学手段来设计语境

多媒体的优势及其对教学的作用不言而喻，它集图、文、声、像于一体，可以为语法规则的教学和学习提供使用语言和用语言进行交际的具体语境，能够使静态化、枯燥的语法知识变得更加立体、有趣，并能充分调动学生学习的主动性和积极性。因此，在具体的语法教学中，教师可充分利用多媒体创设语境，让学生通过与以英语为母语的人士进行交际来掌握语法知识。

3. 借助语篇来设计语境

语篇是包含特定语境的各类语法形式的有机组合，其能够为语法规则的归纳、比较与总结等提供较好的上下文语境。语法教学中的一些常见的语法知识点和项目，如冠词、时态、主谓一致关系和非限定性动词的使用等，通常都应置于一定的上下文语境中。只有置于语境中来讲授这些语法知识，才能更加充分地体现和理解这些语法项目所蕴含的意义。

以时态教学为例，在传统的语法教学中，教师多是运用句子来讲授各种时态的，各个时态相区别的标志也通常是句中所出现的一些标志词。这种教学方式有其固有的局限性，即单纯地局限于句子，这使学生很难全面地掌握某一时态的具体用法，并使学生很难依照语义需要来正确地选择具体的时态。因此，不管句型操练多少遍，如果该时态在某一语篇的具体语境中出现时，学生也会比较难把握和熟练运用这些时态，导致他们在语法规则的形式、意义和用法等层面产生问题。但在语篇层面上设计语境，可以让学生更加全面地把握时态的意义和用法。同时，这一教学方法对教师也有较高的要求，要求教师要精心选择语篇，为教学的顺利开展做充分的准备。

(五)网络多媒体教学法

利用网络多媒体等先进的教育技术有利于在语法教学中创造轻松、愉快的氛围,降低学生的学习焦虑,并且能并有效调动他们的学习积极性,使他们积极思考,提高思辨能力与学习效果。具体来说,在语法教学中采取网络多媒体教学法可从以下几个方面入手。

1. 利用课件呈现语法知识点

现在,网络多媒体已广泛运用于大学英语语法教学中,教师可以充分利用网络多媒体课件,将语法知识点、语法句型等呈现给学生,从而通过生动、形象的输入来帮助学生进行理解与记忆。例如,教师在讲授 listen,watch 等词的一般过去式、正在进行时的时候,就可以将-ed 与-ing 形式运用下划线、不同颜色标注出来,或者可以设置为有声导入,这可以集中学生的注意力,引导学生对规律进行总结,实现举一反三。

2. 采用课后自主拓展模式

网络多媒体教学对于激发学生的主观能动性、提高学生的自主学习能力十分有利。课堂教学时间是有限的,学生很难通过课堂掌握所有的语法知识,但网络环境下的语法教学要求学生在课后进行自主学习,这就有效弥补了课堂教学的不足。借助网络,教师可以创建一个讨论组,促进资源共享。在讨论组中,教师将预先设计好的指导性问题和相关内容上传进去,学生可以提前进行预习,如果有问题可以提出问题,大家也可以参与讨论。此外,教师可以通过 E-mail 形式进行辅导和交流。这不但可以打破时空的限制,还可以缓解课堂的紧张气氛,让学生更轻松。

(六)对比分析法

文化对语法教学的影响十分显著,因此教师可以采用对比分析法让学生了解英汉语法的差异,培养学生的文化意识和跨文化交际能力。

我国学生一直都是在母语环境下学习英语的,因此形成了汉语思维模式,这必定会对英语语言的组织形式感到困惑。这主要受文化背景和生活习惯的影响。在这种情况下,英语教师的语法教学就会受到一定程度的阻碍。

对此,教师应根据学生的学习规律和教学实际情况进行对比分析教学。教师应该使学生意识到文化差异对语言形成的重要作用,从而使学生了解英汉语言之间的差异性。这样便能在发挥汉语学习正迁移的前提下,使学生掌握具体的英语语法知识。

(七)任务型教学法

任务型教学法是目前英语教学所倡导的一种方法,其目的是通过给学生提供真实的交际或学习任务,让学生在完成任务的过程中体验语言规则、练习语言技能。任务型语法教学是指将英语语法规则的学习融入各项任务中,让学生通过完成任务来体验和发现语法规则,同时巩固和运用语法规则。

任务型语法教学法主要包括设置任务,阅读、发现、总结、归纳语法规则,汇报等步骤。在布置任务之前,教师应借助听力内容或阅读材料等展示语法要点,同时布置学习任务,然后安排学生通过小组活动完成语法学习任务,如果时间充足,可让学生展示活动成果,以激发学生的积极性。教师也可以根据学生共同出现的问题进行有针对性的讲解。需要教师注意的是,任务的设计应符合学生的特点和生活背景,以便学生有话可说;任务完成的形式应具有多样性和层次性,以满足不同学生的需求。具体而言,教师可采用以下几种常见的任务模式展开教学。

(1)合作型任务。这类任务要求学生以合作的形式来完成任务。例如，在教授名词性从句时，教师可对学生进行分组，让不同小组的学生对阅读文章进行“拼图阅读，查找含有名词性从句的句子”的任务，让小组中的学生分工合作、独立完成。

(2)信息差任务。这类任务要求学生在有意义的语境中进行语法结构训练。在该活动中，学生需要获取一定的信息，学生可以以小组形式完成获取信息的任务，消除信息缺口。

(3)交换观点型任务。这类任务要求学生通过表达不同的观点来学习和巩固语法知识。例如，在学习情态动词时，让学生回顾自己最近三天的饮食情况，通过访谈、填表格等形式完成任务，最后每个小组派出代表向全班汇报。

(八)翻转课堂教学法

翻转课堂是一种有效的教学模式，它的理念与英语语法教学相契合，而且能有效改善英语语法教学的现状，提高英语语法教学的效果。

具体而言，英语语法翻转课堂教学流程主要包含六个阶段：教师课前准备阶段、学生课前学习阶段、教师与学生课前互动阶段、学生课堂检测阶段、学生知识内化阶段和学生知识巩固阶段，如图 4-4 所示。教师可根据这一流程来开展语法教学。

总体而言，源于语言与文化的密切关系，大学英语词汇教学和语法教学是不可能脱离文化语境开展的。所以，教师在教学中要充分考虑文化因素，将词汇、语法教学与文化教学结合起来。在讲授词汇和语法知识的同时，适当融入与之相关的文化内容，让学生了解文化差异对词汇学习和语法学习的影响，从而在提高学生词汇能力和语法能力的同时，培养学生的语言运用能力和跨文化交际意识。

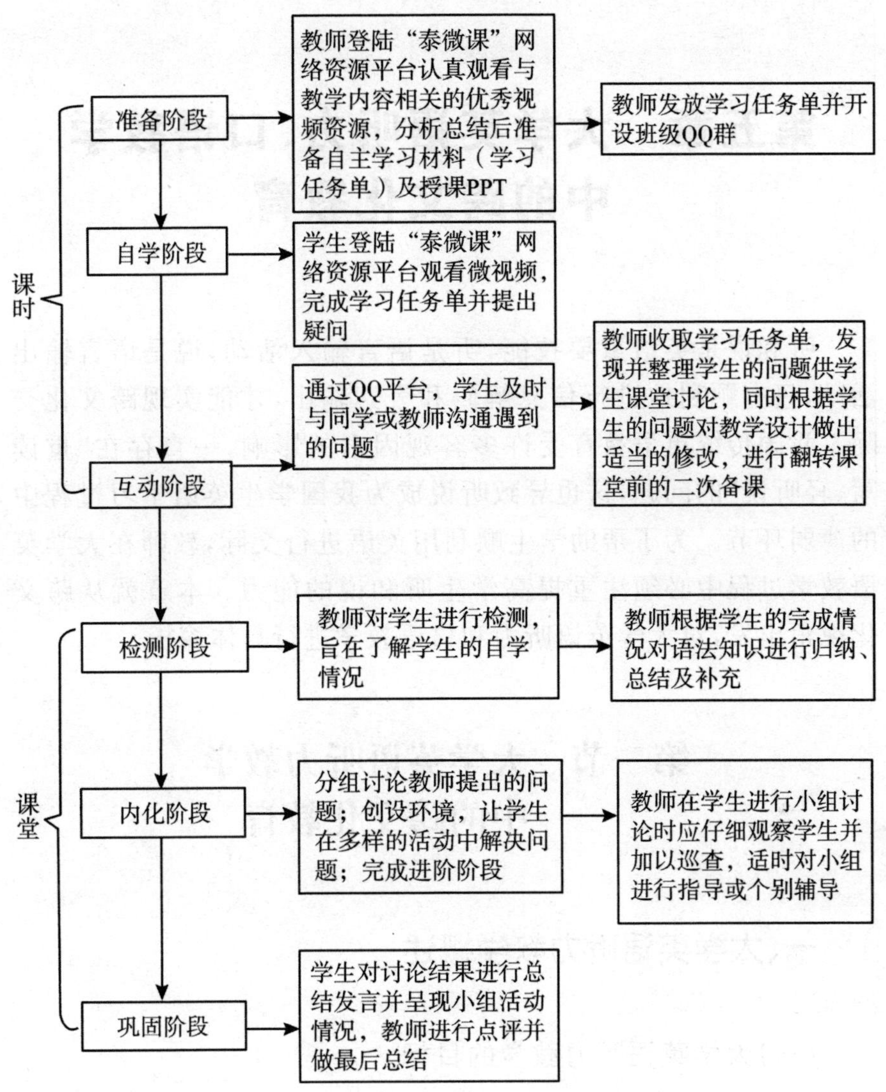

图 4-4 英语语法翻转课堂教学流程

（资料来源：毛婷婷，2017）

第五章　大学英语听力、口语教学中的跨文化教育

听和说是英语重要技能，听是语言输入活动，说是语言输出活动，只有顺利地进行信息解码和表达输出，才能实现跨文化交际。我国传统英语教育受许多客观因素的影响，一直存在"重读写、轻听说"的问题，这也导致听说成为我国学生英语学习过程中的薄弱环节。为了帮助学生顺利用英语进行交际，教师在大学英语教学过程中必须注重提高学生听和说的能力。本章就从跨文化视角出发，对大学英语听力和口语教学进行具体探析。

第一节　大学英语听力教学中的跨文化教育

一、大学英语听力教学概述

(一)大学英语听力教学的目标

根据教育部制定的《大学英语课程教学要求》，我国大学英语听力教学的目标涉及三个层次，即一般要求、较高要求、更高要求，具体规定如下所述。

1. 一般要求

(1)能听懂英语授课。

(2)能听懂日常英语谈话和一般性题材的讲座。

(3)能听懂语速较慢的英语广播和电视节目,并能掌握其中心大意,抓住要点。

(4)能运用基本的听力技巧。

2. 较高要求

(1)能听懂英语谈话和讲座。

(2)能基本听懂题材熟悉、篇幅较长的英语广播和电视节目,能掌握其大意,抓住要点和相关细节。

(3)能基本听懂用英语讲授的专业课程。

3. 更高要求

(1)能基本听懂英语国家的广播电视节目,并掌握其中心大意,抓住要点。

(2)能听懂英语国家人士正常语速的谈话。

(3)能听懂用英语讲授的专业课程和英语讲座。

(二)大学英语听力教学的原则

1. 循序渐进原则

学生听力水平的提高不是一蹴而就的,而是一个由简到繁、由易到难、逐渐提高的过程。因此,大学英语听力教学必须遵循循序渐进的原则。具体来说,教师应该根据学生的不同学习阶段选择听力材料,听力材料的难度由易到难,并兼顾多样性以及真实性。在听力教学的初始阶段,教师应选择吐字清晰、语速较慢的材料,避免过度夸张的语音、语调,以免干扰和误导学生。听力的内容也应该贴近生活,选择社会热点话题、新闻、故事以及日常生活会话等,以激发学生听的欲望和兴趣。随着教学的不断深入,教师可以不断增加听力材料的难度,逐步提高学生的听力水平。

2. 分析性的听与综合性的听相结合原则

在大学英语听力教学中,分析性的听以单词、词组、句子为单位,注重对细节内容的把握。在这种情况下,学生在听材料时就要“抠”字眼。例如,听力题中涉及有关时间、地点、数字等问题时,就要求学生在听的过程中对此类细节特别注意并做简单记录。综合性的听则以语篇为单位,注重对听力材料的整体理解,这种原则可以解决听力题中涉及材料主旨大意、整体思想的理解等方面的问题。分析性的听是综合性的听的基础。一般来讲,听力题往往既涉及材料的通篇理解,又注重考查细节问题,这就要求教师遵循分析性的听与综合性的听相结合的原则,组织相关的听力训练,培养学生的听力能力。

3. 气氛活跃原则

在大学英语听力教学实践中,很多教师都把听力课上成了测试课,一上课就为学生播放听力材料,听完后直接对答案。这样会使课堂气氛沉闷,学生的情感压抑,进而反应冷漠,教学效果自然不理想。因此,教师要为学生创造一个轻松、愉快的课堂环境。例如,教师在听的过程中可以穿插一些幽默小故事、笑话、英文小诗、英文歌曲等,也可以根据实际情况改变听的形式或更换听的内容,总之教师要努力消除学生因焦虑、害怕等产生的心理障碍,创造一种和谐愉快的课堂气氛。

4. 强化背景知识原则

语言是文化的重要载体和反映,任何一段听力材料的背后都隐含着一定的文化知识。在英语听力学习中,学生如果没有掌握必要的文化背景知识,即使听懂了大部分甚至全部语句,也不一定能完全理解材料所隐含的深层文化含义。因此,在大学英语听力教学中,教师必须重视强化学生的英美文化背景知识,提高学生对文化知识的敏感度。教师可以通过组织一些活动培养学生的文化意识，如播放优秀的英美影片、引导学生阅读一些文学名著、组织学生进行具有鲜明特色的文化交流活动等。

二、大学英语听力教学中的文化差异

众所周知，语言是文化的重要组成部分和重要载体，语言承载着深刻的社会内涵和文化信息。只懂语言而不懂文化，就很难深刻理解和正确运用语言。

对英语听力来说，其并不是一个被动地获取声音和词汇并进行简单解码的过程，而是一个需要运用多种能力的复杂过程。长期以来，很多人都认为影响英语听力水平高低的因素是语音、语法、词汇等，如果听力水平不高，必定是因为语音不准确、语法概念不清楚、词汇量不够大等。事实上，在听力学习中，很多学生自身的语言基础是很牢固的，而且很多听力材料中的生词并不多、语法并不复杂，整体难度也不大，在这种情况下，学生仍会面临各种听力难题，无法透彻理解材料中所传达的真正含义，从而无法正确答题。

由此可见，影响听力水平高低的因素除了语言基础牢固与否，还有对话题的熟悉程度、文化背景知识储备的多寡等。可以说，成功的听力理解取决于听者的语言知识以及背景知识的相互作用，二者缺一不可。一位学生即使很好地掌握了语言知识，也有较大的词汇量，但如果对相关文化背景知识不了解，那也不能认定其听力技能就比较高。

中西方国家历史传统和风俗习惯等不同，导致中西方人的思维方式也存在较大差别。在听力过程中，中国学生习惯采用汉语思维方式进行理解和思考，加之缺乏对中西方文化差异的敏感性，因此无法迅速准确地理解听力材料中包含的实际意图，这就给学生的听力理解造成了困难。例如：

Jonna：What do you think of Mary?

Daniel：She is a cat.

Q：Does Daniel like Mary?

上述这个简短对话没有任何生词，对大部分中国学生来说，其表面意思都是非常明了的。但是，对于对话后提出的问题，如果学生不了解中西方文化差异，就很容易答错，原因就在于中西方人对于“猫”的文化联想不同。在中国文化中，猫是温顺可爱的动物，惹人怜爱；在西方，猫却专指心存险恶的女人。学生了解了这一文化背景，就会明白对话中的“She is a cat.”意思是指 Mary 是个狠毒、心怀叵测的女人，Daniel 自然不喜欢她。

可见，有时候学生答错题并不是因为没有听懂材料中的语言知识，而是由于对西方国家的文化知识了解不足所致。

再如，《阿甘正传》(*Forrest Gump*)是一部美国经典影片，曾获 1994 年奥斯卡最佳影片，其中有一段阿甘的旁白：“Though he did take care of my Bubba-Gump money. He got me invested in some kind of fruit company. And so then I got a call from him, saying we don't have to worry about money no more.”此时，电影中画面出现了美国苹果电脑 (Apple Computer)的商标。这说明阿甘的钱其实是被投资到苹果电脑了，但是阿甘并不知晓，他天真地以为所投资的苹果公司是卖苹果的，所以他才说他的钱是被投资到某些水果公司(some kind of fruit company)了。这段听力材料同样没有词汇和语法上的难点，对于中国学生来说很好理解。但是，学生如果不认识美国苹果电脑的标志，不了解 20 世纪 90 年代的美国 IT 行业非常兴盛这一文化背景，那么在听到这段旁白时会和阿甘有一样的思路，以为阿甘的钱是被投资到了普通的水果行业。这样就无法理解为什么投资到水果公司就可以不用愁钱了，也无法体会其中的幽默，更无法获得与美国人同样的心理感受。

通过上述两个例子可以看出，文化背景知识的缺乏会在很大程度上影响学生对听力材料的正确理解，使学生的听力产生障碍。因此，教师在大学英语听力教学过程中要帮助学生认识到文化知识对听力理解的重要性，并多向学生传授文化背景知识，以拓宽其知识面，真正理解听力材料中的深层含义。

三、大学英语听力教学中跨文化教育的方法

(一)技能教学法

要想提高听力水平,必须熟练掌握各种听力技能。尤其是在应试过程中,灵活使用各种听力技能可有效帮助学生节省时间,提高听力效率,获取高分。具体来说,学生在听力训练中需要掌握的听力技能主要有以下几个。

1. 听前预览

听前预览对于提高学生答题的正确率非常重要。所谓听前预览,就是学生在做每一道题目之前,先把选项都通读一遍。通过听前预览,学生可以做到未雨绸缪,一方面可以顺利获得一些关键信息,如人名、数字、地点等;另一方面可以合理预测将要听到的对话或短文的内容。学生如果不进行听前预览,在正式听的过程中一旦遇到两个以上的相似信息,就会受干扰,进而影响答题。因此,学生要养成听前预览的习惯,教师也要注意教授学生听前预览的技巧,帮助学生提高听力能力。

2. 注意所提问题

在选择正确答案之前,首先要听懂所提问题,如果没有弄清所提问题,即便听懂了内容也不可能选出正确答案,所以弄清楚所提问题在听力训练中是非常重要的。

3. 注意关键词

对于中国学生来说,有时想完全听懂一段听力材料是不可能的,也是没有必要的。但这并不意味着学生无法正确答题,因为即使只听懂了其中的一部分,仍能答对问题,这其中关键词的把握就十分重要。有些题目只要抓住了关键词,问题也就解决了一

大半。所以，在大学英语听力教学过程中教师要培养学生抓关键词的能力，以提高学生的听力水平。

4. 边听边记录

英语听力的测试题型多种多样，听力不仅考查学生的听力能力，还考查学生的记忆力。尤其是在听文章时，文章篇幅通常比较长，学生虽然可能听懂了，但由于要记忆的内容太多，学生很难记住听的全部内容。有些学生甚至听过即忘，通篇听下来也没理解文章大意。这就很容易使学生产生急躁情绪。如果学生养成边听边快速记录的习惯，就能有效帮助学生保留记忆。当然，记录的内容是有选择性的，要优先记录那些关键信息，如数字、时间、人名、地点等。为了保证快速记录，有效运用缩写、符号是必不可少的，它们可以帮助学生缩短记录的时间，减少记录的负担。下面介绍一些常见的缩写和符号，如表 5-1 和表 5-2 所示。

表 5-1 听力过程中常用的缩写示例表

全称	听力中的缩写
should	shd
teacher	teach
professor	prof
possible	poss
veterinarian	vet
laboratory	lab
advertisement	ad
bicycle	bike
telephone	phone
photograph	photo
doctor	doc
gymnasium	gym

续表

全称	听力中的缩写
examination	exam
television	telly
experience	exp
excellent	exc
available	avail
modern	mod
transport	trans
week	wk
day	d
yesterday	.d
the day before yesterday	..d
tomorrow	d.
the day after tomorrow	d..
year	y
last year	.y
the year before last	..y
next year	y.
the year after last	y..

(资料来源:王斌华,2006)

表 5-2　听力过程中常用的符号示例表

听力中符号	所代表含义
&	and
$	dollar
£	pound
∵	because
∴	so
>	bigger than

续表

听力中符号	所代表含义
<	smaller than
→	change into
?	doubt, problem, question, ask
%	percent
=	equal to
≠	not equal to
≈	approximately
+	plus, add
−	minus, deduct
Σ	in all, total
><	confrontation, conflict
~	exchange, replace
//	stop, halt
√	correct, good, affirmative
×	incorrect, not, no, wrong

（资料来源：王斌华，2006）

(二)文化导入法

在大学英语听力教学中，教师要适时向学生导入各种文化背景知识，让学生了解中西方文化的各种差异，提高学生对文化差异的敏感性，增强跨文化交际能力。具体来说，教师可以通过以下几种方式进行文化导入。

1. 通过语言文化环境进行导入

我国学生由于缺乏真实的语言交际环境，因此很难对英汉语言及其文化之间的差异有足够的了解。在大学英语听力教学中，教师要充分利用各种语音设备，营造真实的语境，让学生在真实的语言文化环境下进行听力训练。例如，教师可以给学生播放

《走遍美国》，让学生感受其中主人公的生活和经历，了解西方文化及西方人的生活习惯。教师还可以在播放优秀影片后与学生一起讨论剧情，组织模仿表演活动。这些活动能活跃听力课堂氛围，激发学生对听力学习的兴趣。

2. 通过听力材料进行导入

英语听力教材中有丰富的听力材料，涉及的领域也非常广泛，如语言文学、历史文化、自然科学、科技信息、社会轶事等。教师可以充分利用这些材料中的篇章进行文化导入，首先向学生介绍相关文化背景知识，然后播放有关电影的视频，帮助学生扫清听力障碍。例如，《新视野大学英语》听说第四册第一单元中介绍了电影明星玛丽莲·梦露(Marilyn Monroe)以及 *Radio Program* 中查尔斯王子与戴安娜王妃的故事。在听之前，教师可以向学生讲述相关背景知识，如玛丽莲·梦露的生平以及戴安娜王妃的故事，这样学生在听的过程中会更容易理解相关信息，而且学生在学习语言的同时，潜移默化地学习了文化知识，拓宽了文化视野。

3. 通过情感因素进行导入

情感因素对听力学习具有非常重要的影响。情感是学生智力与非智力发展的原动力，学生只有有了一定的情感体验，才会有相应的智力及非智力活动，才能对所学知识产生感情，从而在学习中取得事半功倍的效果。因此，在大学英语听力教学中，教师要充分重视情感因素。例如，有些学生一上听力课就产生紧张恐惧感，进而产生厌烦和抵触情绪。这就提示教师应该活跃课堂气氛，在讲解听力材料的同时，适时导入一些背景知识，使听力材料背景更加丰富、内容更加生动，如上述在介绍查尔斯王子与戴安娜王妃的故事时，教师可以播放一些电影片段，展现他们的婚礼盛况，这可以有效缓解学生的焦虑，同时能帮助学生获得更多的语言输入，从而更好地理解听力材料。

第二节　大学英语口语教学中的跨文化教育

一、大学英语口语教学概述

(一)大学英语口语教学的目标

《大学英语课程教学要求》对大学英语口语教学目标做了详细说明,具体如下所述。

1. 一般要求

(1)学生可以在学习过程中用英语交流,并能就某一主题进行讨论。

(2)学生可以就日常话题用英语进行交谈。

(3)学生可以经准备后就所熟悉的话题做简短发言,表达比较清楚,语音、语调基本正确。

(4)学生可以在交谈中使用基本的会话策略。

2. 较高要求

(1)学生可以用英语就一般性话题进行比较流利的会话。

(2)学生可以基本表达个人意见、情感、观点等。

(3)学生可以基本陈述事实、理由和描述事件,表达清楚,语音、语调基本正确。

3. 更高要求

(1)学生可以较为流利、准确地就一般或专业性话题进行对话或讨论。

(2)学生可以用简练的语言概括篇幅较长、有一定语言难度的文本或讲话。

(3)学生可以在国际会议和专业交流中宣读论文并参加讨论。

(4)学生可以使用较高的讲话技巧,如引起听众的注意、维持听众热情、协调与其他讲话人的关系等。

在大学英语口语教学中,教师应以上述目标为依据,根据具体教学情况开展教学活动,培养学生的口语表达能力。

(二)大学英语口语教学的原则

1. 先听后说原则

学习任何东西,在熟练掌握之前都需要经过反复的学习和练习。拼音是汉语的基础,要想学好汉语,首先需要认识并熟练掌握拼音。同样,要想学好英语,必须打好音标这一重要基础。俗话说“耳熟能详”,在口语学习中,只有认真听、反复听、坚持听,才能最终说一口流利的英语。因此,大学英语口语教学应当坚持先听后说原则。在口语教学中,教师首先应注意加强学生听的能力,其次才是说的能力。只有坚持先听后说原则,才能帮助学生掌握正确的发音,为训练口语能力打下良好基础。

2. 循序渐进原则

口语能力的提升不是一蹴而就的,因此大学英语口语教学应遵循循序渐进原则,层层深入,由易到难。例如,我国的大学生通常来自全国各地,学生的英语口语难免会受方言的影响。对此,教师首先要接受这一客观事实,不能责怪学生。然后,教师应仔细分析学生的语音特点,了解学生在发音过程中遇到的困难并进行总结,最后集中对学生进行指导。此外,教师在设计教学目标时要注意难度的把握,不能过难,也不能过易,以免给学生学习口语带来负面影响。

3. 互动原则

口语练习本身是一件很枯燥的事情,长期的枯燥练习很容易使学生失去对口语的兴趣。对此，教师在大学英语口语教学中要坚持互动原则，不能放任自流，完全不管学生的练习进度与练习效果。教师应努力使学生的口语训练充满互动性，这种互动能有效保持学生对口语学习的兴趣。

4. 科学纠错原则

口语学习中免不了出错，这是非常正常的事情，因此教师对学生在口语活动中出现的错误一定要采取科学的态度对待。一般来说，如果是学生正在进行口语对话训练，教师对一些无关紧要的语法问题可以酌情忽略，不要听到学生出现错误就立即打断并纠正，这样很容易打击学生说的积极性。教师应当在学生对话训练结束之后，统一指出训练过程中的错误，并提醒学生加以注意。当然，对一些重大的错误，教师要在训练结束后立即指出并告知学生，以免再犯。

5. 实践原则

所谓"实践出真知"，学生要想真正提高口语水平，必须在实践中反复表达和运用口语，最好在日常生活中经常使用口语表达。长此以往，学生的口语能力必定会有质的提升。因此，在大学英语口语教学中，教师应坚持实践原则，注重口语的实际运用，多给学生创造口语锻炼的机会，让学生从"不敢说"到"敢说爱说"，逐渐提高口语能力。

二、大学英语口语教学中的文化差异

(一)思维模式差异

1. 思维模式对口语准确性的影响

口语准确性指的是能够运用语言准确表情达意。受英汉思维模式差异的影响，学生在口语表达过程中常会出现"中式英语"，"中式英语"有时所用词语带有明显的汉语翻译色彩，句式也不符合英语表达习惯，这样在交际过程中很难准确表达说话者的意图，往往还会造成歧义和误解，从而影响交际效果。

2. 思维模式对口语流利性的影响

口语表达讲究流利性，也就是在口语交际过程中没有犹豫、停顿等现象。英汉思维模式的差异对学生口语表达的流利性有着重要影响。首先，在词汇选择方面，英语多使用名词性结构，而汉语多使用动词描述性表达。其次，在句法结构方面，英语重形合，讲究句法完整，多用连接词，而汉语重意合，语法结构并不完整，较少使用连接词。中国学生深受汉语思维影响，习惯用汉语语言思维进行口语表达，当遇到在英语中找不到对应词语的情况时，就很容易出现犹豫和停顿的现象，从而影响表达的流利性。

(二)语用规则差异

要想有效进行口语表达，仅掌握语音、词汇和语法是远远不够的，还要掌握语用规则，并了解英汉语用规则的差异。例如，在不同文化中，对人际交往的称谓就不同。具体来说，英语中的称谓较为稳定，但是在汉语文化中，称谓随着社会的不断发展而变动，并且具有一定的地域差异。由此可见，教师应帮助学生充分了解英汉语用规则的差异，促进交际的顺利进行。

三、大学英语口语教学中跨文化教育的方法

(一)交际教学法

交际教学法诞生于20世纪80年代，其以交际能力的培养为目标，更加注重语言的实际运用，旨在提高语言交际的质量。交际教学法认为，英语教学的根本目的就是培养学生的交际能力，

因此各种语言知识与技能的学习与训练都必须为交际能力服务。交际教学法打破了传统教学中教师“一言堂”的教学模式，教师不再是教学的“主角”，学生也不再是被动的“观众”。在交际教学中，教师要发挥自身的主导作用，尊重学生的主体地位，合理安排课堂活动，将学生置于真实的语言环境中，帮助学生开展各种交际活动。

在大学英语口语教学中，交际教学法是一种行之有效的方式，课堂口语训练的内容有很多，如语音训练、会话技巧、交际技巧等，无论哪种训练，其核心内容都是语言的功能。采用交际教学法开展的交际活动主要有以下几种。

1. 控制型的呈现活动

所谓控制型的呈现活动，就是教师根据语言功能的需要给出一定的语境，学生根据语境清楚自然地说出新的语言。[①] 例如，高等教育出版社《实用英语综合教程(第二册)》Unit 2 中的口语练习内容是怎样请假和送别。在组织学生练习之前，教师可以先给学生呈现一些在表达这些语境时经常用到的句型，具体如下所述。

Taking leave：

(1)I'm afraid I have to be off now. Thank you for a lovely evening.

(2)I must leave/say good-bye now. I enjoyed myself very much this afternoon.

(3)It's time I left. It was nice to have met/talked to you.

(4)Well, I get to go now. Thanks for the wonderful dinner.

(5)I'm looking forward to seeing you again.

(6)I hope to see you soon/again.

教师首先让学生熟悉上述几种常用表达，然后为学生提供几

① 李蕾．交际教学法在高职英语口语教学中的应用[J]．郑州铁路职业技术学院学报，2017，(2)：76.

个语境,并把学生分成几个小组,让组员根据以上句型来组织语言,完成对话。例如,教师可以提供以下语境。

(1)Mimi is an American girl. She has had a nice evening at her Chinese friend,Chen's home. Now she is saying good-bye to her. They will see each other tomorrow morning in class.

(2)Michael has been invited to dinner at his Chinese teacher, Mrs. Tan's home. He is taking leave and giving his thanks to Mrs. Tan.

教师提供语境后就可以让学生进行对话,学生为了完成对话,需要进行一定的准备和练习,并在同一个语境中反复使用这些句型,这样学生就能逐渐掌握这些常用表达。

2. 信息沟活动

所谓信息沟(information gap),是英语教学中常用的一种概念。具体来说,A 拥有 B 所缺乏的信息,A 需要用英语来分享这一信息,以完成某项任务;反之也是如此。

在大学英语口语教学中,教师可以组织信息沟活动。例如,教师可以让学生介绍自己的家庭成员。在这个过程中,倾听的学生要画出所听到的家庭成员关系图,并标出每位成员对应的名字,如果听到相关爱好、职业等信息也要标出。当学生介绍完后,倾听的学生要给他/她看画出的家庭关系图,并找出其中信息不对的地方。此外,为了加强交流,倾听的学生可以让对方重复解释一些关键或有用的信息。下面就是一则以介绍家庭成员为主题的信息沟活动。

Talking about your family

Sample Dialog:

A:Here are my father and my mother and down here are my brothers and me.

B:Are you the oldest?

A:No,both of my brothers are older. Mike is 26 and Jake is 22.

B:So these are their wives?

A：Yes，Mike is married to Linda and that's their son Jordan.

B：What about Jake?

A：Jake is married but he and his wife don't have any children yet.

Useful Expressions：

- How many people are there in your family?
- Is this your brother's wife?
- What's your nephew's name?
- Are you the oldest or the youngest?
- I'm the middle child.
- I have one older brother and two younger sisters.

Try this…Make a rough sketch of your family tree.

Show a partner your sketch and answer questions about your family.

3. *表演活动*

表演活动也是交际教学法的重要形式，教师可以根据学生的兴趣爱好设计一些表演性的活动，让学生在轻松愉快的环境中学习单词和语法结构，进而提高口语水平。

剧本表演是表演活动的重要形式，尤其是在口语课堂上，有些形式的剧本对学生学习口语很有帮助。在大学英语口语教学中可以使用脚本语篇，并且由于说话的内容已经写好了，因此学生可以根据自己的意思去创造一些新的语言，只须把注意力放在说话的形式上。此外，教师要选择那些故事情节相对简单、台词简短有趣的剧本，这一方面可以满足学生的表演欲望，另一方面可以让学生在表演中无形提高口语技能。下面是教师在课堂上使用的一个简短的剧本。

A Three-Act Play

Cast of characters：

The Knight；The Princess

The Villain；The Villain Servant

Two Doors（两个学生面对面站着，胳膊前伸，双手紧握）

（敲门声）

Villain：Go see who's at the door.

Servant：Yes，master.（开门）

Doors：Crrreeak…

Servant：Who are you?

Knight：（鞠躬）I am the hero of this story.

Servant：Oh.（关门）

Doors：Crrreeak…

Servant：He says he is the hero of this story.

Villain：Curses！Well，find out what he wants.

Servant：（开门）

Doors：Crrreeak…

Servant：What do you want?

Knight：I've come to rescue the Princess.

Princess：Oh，my hero！（骑士鞠躬，公主行屈膝礼）

Villain：Curses！Throw him out！

Servant：（面向骑士）He says I must throw you out！

Knight：Ha！Not on your life.

Servant：My wife?

Knight：Out of my way. You fool.（拔剑）

Servant：（仆人让开路）

Princess：（公主双手紧握，睫毛忽闪着）Oh，my hero.

（骑士鞠躬）

Villain：Just what do you think you're doing?

Knight：I'm rescuing the Princess.

Villain：Over my dead body！

Knight：Whatever you say.（骑士冲向坏人，坏人躲开，骑士失手刺中了公主）

Knight：Oops！

Villain:You fool!

Servant:Oh dear!

Princess:(垂死) My hero…

Doors:Crrreeak…

学生在表演该剧本时,可以分三遍进行。第一遍学生可以用正常的速度,只是在表演时适当注意自己的语言和动作。第二遍学生可以放慢速度,尤其是肢体动作、面部表情、言语等,这样可以帮助学生更好地发现自己在语调、重音等方面的起伏。第三遍学生可以快速进行表演,动作要快,语速也要根据剧情的发展变化起伏,并且声调要尽量高。这样经过几次表演后,学生会很容易发现自己在表演中的优缺点,并对缺点进行有效改正。

(二)文化植入法

1. 文化植入简述

文化植入这一概念源自"广告植入",后者是指为了达到营销目的,将产品及其服务的视听品牌符号融入影视或舞台产品,从而给观众留下深刻的印象。同样,在英语口语学习中,如果只是生硬地开设文化课,学生会因为文化内容的博大精深而退却,从而失去学习的兴趣和动力。而如果在大学英语口语教学中巧妙植入文化内容,那么就能对学生产生潜移默化的作用,从而加深他们对文化的印象,同时产生文化学习的兴趣,最终提高学生口语学习的效果。

需要注意的是,植入并不是盲目地随意植入,需要遵循一定的原则,主要有下面几个。

(1)寻找适当的"切入点"。在口语教学中,教师在进行文化植入时,要注意找到一个恰当的"切入点"。文化知识背景复杂、内容繁多,通过"切入点"的"植入",可以激发学生对相关文化内容的兴趣和关注,也有助于学生对口语进行学习和操练。一旦打开文化世界的大门,学生会自己主动学习。

(2)植入在精不在多。首先，植入的内容切忌太多，这样不仅不会起到正面效果，反而可能会引起学生的反感，削弱学生对英语口语和文化学习的兴趣。其次，植入的内容要精心筛选，还要符合学生的兴趣爱好，并且能深入浅出，切实帮助学生提高口语水平。

(3)教师植入的内容要服务于口语教学。文化植入的一切内容都要围绕口语教学进行，并与主题紧密相关。文化植入的最终目的是帮助学生更好地应用口语，掌握口语课的教学内容，所以文化植入的内容一定要凸显其服务功能。

2. 文化植入的方式

具体来说，文化植入的方式主要有以下两种。

(1)直接呈现。所谓直接呈现，是指教师选择一些与教学内容密切相关的文化主题，然后在课堂上将其直接呈现给学生，引导学生理解该文化主题。教师在呈现时，可以通过一定的手段将其导入教学内容，如借助多媒体教学设备进行呈现。例如，在学习有关建筑物的口语课堂上，有很多有关建筑的描述和表达方式，需要进行呈现和练习。教师可以利用多媒体设备，将不同建筑的时代背景、风格特点等向学生进行展示，并向学生介绍一些需要掌握的表达方式。这些内容能引导学生了解学习内容，并使用所学内容进行操练。通过呈现，学生在其表达练习中会更有针对性，也更容易加深印象、掌握知识。

(2)间接呈现。所谓间接呈现，是指教师根据教学要求和学生的实际情况，灵活设计一些小活动，如游戏、竞赛等，并将文化内容有效植入这些活动中。例如，在有关商务用餐的口语表达学习中，教师要植入“酒文化”。在学生经过前期学习，对酒文化有一定了解的基础上，教师可以组织“抢答竞赛”的小活动。具体来说，教师可以设计一些实用又有趣的英文选择题，供学生抢答，每题结束后再结合直接呈现方式，通过图片、视频等向学生介绍该题所包含的文化内涵。这样，学生在互动中锻炼了自身的口语能力，也拓宽了知识面。

第六章　大学英语阅读、写作、翻译教学中的跨文化教育

阅读、写作与翻译作为英语的重要技能，其教学一直备受重视。阅读是语言输入的重要方式，也是学生扩大词汇量、巩固语言知识的重要手段。英语书面表达能力即写作是学生必备的技能之一，也是英语教学的重要任务。翻译能力与英语的听、说、读、写其他技能有着非常紧密的联系，英语翻译教学有助于学生英语综合运用能力的提高。由于中西方文化存在诸多差异，因此教师在阅读、写作与翻译教学中要重视文化因素的影响，多向学生传授相关的文化知识，帮助学生顺利进行跨文化交际。本章就从文化视角出发，对大学英语阅读、写作与翻译教学的相关问题进行详细探究。

第一节　大学英语阅读教学中的跨文化教育

一、大学英语阅读教学概述

（一）大学英语阅读教学的目标

1. 大纲规定目标

《大学英语课程教学要求》(2009)针对大学英语阅读教学目标划分了三个层次，具体要求如下所述。

一般要求：

(1)能以中等速度(每分钟 70 词)基本读懂语言难度适中、一般性题材的文章，理解其大意及主要细节。

(2)能以较快速度(每分钟 100 词)阅读篇幅较长、语言难度略低的文章。

(3)能借助词典阅读本专业的英语材料和题材熟悉的英语报纸、杂志中的文章，掌握中心大意，理解主要事实和有关细节。

(4)能读懂生活中的常见表格，如注册表、申请表、问卷调查表等。

(5)能读懂指示语、产品说明书、广告、海报、邀请函等。

(6)能读懂涉及日常生活的个人信件或一般内容的商业信函。

(7)能浏览互联网上的一般信息，基本读懂国内英语报纸、杂志，理解大意及主要事实。

(8)掌握基本的阅读技能，如根据上下文猜测生词或习语的意思、寻读、略读等。

较高要求：

(1)能以中等速度(每分钟 70～90 词)基本读懂英语国家大众性报纸、杂志上一般性题材的文章。

(2)能以较快速度(每分钟 120 词)阅读篇幅较长、难度适中的文章。

(3)能略读新闻、人物、事件等报道的主要内容，抓住其要点，能寻读有关材料，快速查找所需信息。

(4)能阅读所学专业的综述性文献，并能正确理解中心大意，抓住主要事实和有关细节。

(5)能借助词典读懂与专业相关的技术性论文，能从技术性手册中快速查找所需信息以及解决遇到的技术问题。

更高要求：

(1)能读懂有一定难度的文章，理解其主旨大意及细节。

(2)能借助词典读懂原版英语教材和英语国家报纸、杂志上的文章。

(3)能较为顺利地阅读所学专业的英语文献和资料。

2. 大学英语阅读教学目标解读

要想切实提高大学英语阅读教学的效果，首先应重视教学目标的制订。对教师来说，大学阅读教学无非涉及两个方面，即学习阅读和阅读学习。根据学生在大学阶段的总体英语水平，可以把阅读教学的目标分为以下几个层面。

(1)知识学习目标

学生阅读的过程同时是学习知识的过程，因此教师可以把教材内容即传授语言知识作为教学目标。具体来说，主要包括学科知识、专业知识、文化知识、策略知识等。当然，这只是阅读教学目标的一部分，而不是全部。

(2)技能目标

技能目标是对知识学习目标的重要补充，也是大学英语阅读教学的重要目标。阅读教学通过让学生进行大量的阅读实践，在学习知识的同时，能逐步提高阅读速度，培养学生推理、判断、归纳、总结等思维能力，进而提高语言实际运用的能力。可见，技能目标应列为大学英语阅读教学目标的首位。

(3)图式建构目标

阅读的过程实际上是一个持续不断的构建图式的过程。影响学生阅读的图式主要有三类，即形式图式、内容图式和语言图式，这三种图式与文章的形式、内容和语言是相互作用的。学生在阅读时，新的结构图式的文本就意味着新的图式构建，从而可以帮助自己提高图式建构的能力。

(4)自主学习目标

英语阅读教学从某种程度上来说就是为了培养学生的自主学习能力，尤其对于大学生来说，他们已经有一定的英语基础，也有较强的自控能力，培养自主学习能力尤为重要。具体来说，大学生应该能对阅读材料进行自主分析、综合评价，同时能自主调节自身的阅读活动。

(二)大学英语阅读教学的原则

1. 循序渐进原则

学生阅读水平的提高是一个循序渐进的过程,不可能一蹴而就。而阅读教学目标的达成是一个实现总体规划和长远规划的过程,也不可能立马达成。因此,在大学英语阅读教学过程中,教师应遵循循序渐进原则,对阅读材料的选择、阅读方法的选择、任务的完成等进行细致且周密的考虑,并引导学生寻求最适合自己的学习方法,扎扎实实地学习,最终完成阅读任务,提高阅读水平。

2. 层层设问原则

提问是课堂教学的必要环节,提问能有效引导学生自主思考,提高学习效率。不过,提问不能盲目进行,需要讲究一定的原则和策略,否则就会背离提问的初衷。在提问过程中,教师要坚持层层设问原则,即提出的问题必须具有一定的层次性,应由易到难、由浅入深,先让学生回答简单的问题,学生获得自信后会更愿意开动脑筋,积极思考。如此一来,学生便可在教师的引导下逐步提高阅读理解的能力。

3. 因材施教原则

每个学生都有自己的个性,学生与学生之间存在着差异,所以学生学习阅读的进程也就不尽相同。因此,教师应因材施教,对于不同的学生采取不同的教学方法,确保每位学生的阅读技能都得到相应的发展。例如,有的学生会因为自己较差的阅读成绩而失去信心,自暴自弃。当面对这类学生时,教师应在教学过程中不断鼓励和表扬他们,以使他们重新建立信心,同时给他们布置一些难度较小的阅读任务,然后逐步增加难度,使他们不断进步。有的学生有着较高的英语阅读水平,并对英语阅读有着浓厚的兴趣,基本的阅读通常已经无法满足他们的阅读欲望。针对这类学生,教师可以布置一些具有挑战性的阅读任务,或向其推荐一些名著等。

二、大学英语阅读教学中的文化差异

(一)地理文化差异

不同的自然条件和地理环境造就了不同的地理文化。不同国家因为所属地域不同,所以形成了不同的地理文化。一些阅读材料常常涉及地理文化信息,学生如果不了解相关的地理文化,也就难以理解阅读材料中的句子、篇章。例如:

Shall I compare thee to a Summer's day? Thou art more lovely and temperate.

(William Shakespeare:*Sonnet 18*)

中国一年有四个季节:春、夏、秋、冬,并且四季分明,夏天一般是气温最高的季节,人们会觉得闷热,心情也有些焦躁。

英国处于高纬度地区,夏季的平均温度在 20 度左右,并且夏季早上 4:00 太阳升起,晚上 10 点左右才天黑。因此,英国的夏季较为舒适,万物处在一片愉悦的环境中。

如果学生掌握了中国和英国的地理文化知识,就可以理解上述这一诗句的内涵。该诗句来自莎士比亚十四行诗的第 18 首,诗中把恋人比作 a Summer's day(夏日)。学生如果对英国地理环境的文化很陌生,将难以理解这句话的真正意思。

(二)历史文化差异

历史文化是一个国家在演变和发展过程中形成的民族特色文化。因为历史文化是经过长期积淀而形成的,所以其有着深厚的底蕴。在阅读英语材料时,学生常常会因为不了解相关的历史文化而产生阅读障碍。

例如，meet one's Waterloo 这一习语来自著名历史事件滑铁卢战役。Waterloo（滑铁卢）是比利时中部的城镇，1815 年拿破仑在这个地方惨败，从此一蹶不振。Waterloo 这个小镇也因此次著名战役而出名。从字面意思来看，meet one's Waterloo 是“遭遇滑铁卢战役之类的事”，可以进一步引申为“惨败”。再如：

I've had the sword of Damocles hanging over me for months, and now I can finally relax.

古希腊有这样一个历史事件：公元前 4 世纪，西西里岛上的统治者狄奥尼修斯一世的亲信名叫达摩克利斯，他十分羡慕帝王的豪华生活。狄奥尼修斯为了教训这个人，在一次宴会上，要他坐在国王的宝座上。当达摩克利斯猛然抬头的瞬间，只见头顶上有一把用头发悬着的宝剑，随时都有刺到头顶的危险。后来，人们就用 sword of Damocles 这一成语来比喻临头的危险或情况的危急。

学生如果不了解 the sword of Damocles 的历史事件，就无法理解上例所要表达的含义。知道了这一历史背景，这句话的意思就十分明了：我已经提心吊胆了好几个月，现在终于可以放松了。

（三）社会文化差异

社会文化是由群众创造的具有民族特征的对社会群体发挥作用的文化现象。社会生活中一切文化现象均有历史根源，这些文化对英语阅读理解有很大影响。

例如，在 bread and butter 这一短语中，bread 的意思是“面包”，butter 的意思是“黄油”。在西方，面包和黄油都是很日常的食物，因此 bread and butter 在英语中就常用来引申为“生计，主要收入来源”。学生如果不了解这一文化背景，在阅读中就会遇到障碍。再如：

The United States has set up a loneliness industry.

美国政府建立了一种为孤寡老人服务的社会服务项目。

因为美国的多数家庭中的子女都不与父母同住，所以出现了很多无人照顾的孤独老人，这也是美国家庭中普遍存在的问题。为了解决这一问题，美国政府创办了 loneliness industry。所以，要理解该例的意思，就要了解美国的社会文化知识，loneliness industry 是指美国福利事业的一部分。

三、大学英语阅读教学中跨文化教育的方法

(一)交际教学法

交际教学法产生于 20 世纪 70 年代初，其教学重点不在语言知识上。因为语言运用是为交际目的服务的，所以语言教学的目的是培养交际能力，教学过程要交际化，这是交际教学法的精髓。交际教学法可以有效提升学生的阅读理解能力及对文章进行分析、归纳、总结的能力。在大学英语阅读教学中，教师可以采取交际教学法进行教学，具体涉及以下几个环节。

(1)预读环节。预读环节也就是正式阅读前的准备。如果学生的阅读面较窄，教师可在预读环节以学生较为熟悉的日常话题为切入点，列出关键词句、引出主题，并引导学生展开充分的想象与联想。在对各种问题的思考与回答过程中，学生就可深化对文章背景知识的了解。

(2)阅读环节。在阅读环节，教师应使学生对各段大意、段与段之间的联系以及文章的整体结构、主旨思想等有较深刻的理解。此外，学生应快速阅读课文并回答问题。

(3)读后环节。在读后环节，教师可设计一些练习，以便检验学生是否掌握课文的主要内容与架构。学生在回答问题的过程中可以加深对文章主题的理解。

(二)“阅读圈”教学法

所谓“阅读圈”是一种由学生自主阅读、自主讨论与分享的阅

读活动。[①] 在阅读圈内，每位学生自愿承担一个角色，负责一项工作，并进行读后反思。阅读圈模式的目的是鼓励学生阅读和思考，其活动效果在很大程度上取决于小组成员在前期是否做好了充分的准备工作。近年来，“阅读圈”教学模式受到越来越多的关注，很多教师都采用该教学模式进行阅读教学，并取得了良好效果。具体来说，在大学英语阅读教学中，“阅读圈”教学法的实施步骤主要包括以下几个。

1. 设计任务

教师以某个文化专题为教学内容，明确教学目标，选定学生在课堂以及课外需要阅读的材料，设计好相应的需要学生进行讨论和分析的问题，并规划好学生完成这些任务的学习模式。

2. 布置任务

教师设计完任务后，就要向学生布置具体任务。教师可以让学生自由组合成“阅读圈”，每个小圈子为 6～7 人。圈子形成后，教师要让学生清楚学习要求和规则。此外，教师可以鼓励学生在自己的阅读圈内承担一定的角色，具体角色示例如表 6-1 所示。

表 6-1　阅读圈各成员的角色分配示例表

角色	具体任务
讨论组织者	主持整个讨论过程，并准备相关问题供圈内成员讨论
词汇总结者	摘出阅读材料中的与文化专题相关的重点词汇和好词好句，引导圈内成员一起学习
总结概括者	对所有阅读材料的文化元素和内容进行总结并与组员分享，总结、评价小组活动的内容和成果

① 刘卉．大学英语文化教学中阅读圈教学模式的构建与探索[J]．教育现代化，2018，(45)：237.

续表

角色	具体任务
语篇分析者	提炼阅读材料中重要的语篇信息,并与圈内成员分享
联想者	将所阅读材料与文化专题相对应的中国文化的内容建立起联系,结合最新的社会文化发展动态进行批判性评价
文化研究者	从阅读材料中找到与自己相同、相近或者不同的文化元素和内容,并引导圈内成员进行比较

(资料来源:刘卉,2018)

3. 准备任务

教师布置完任务后,引导学生进行独立思考,并将需要讨论的问题及自身的思考结果以文字形式记录下来。此外,由于阅读圈内各成员承担着不同角色,教师应鼓励学生完成各自的任务,自由表达自己对文化的不同看法。

4. 完成任务

在这一阶段,阅读圈内的成员依次汇报、分享自己的阅读成果,对所读内容进行信息加工、思维拓展,确定小组汇报的内容,最终形成PPT,在课堂上展示核心成果。这一阶段是学生汇报和自由讨论的阶段,有助于启发学生的多元思维,深化文化内容的探讨,因此教师要引起足够的重视。具体来说,教师作为活动的组织者和指导者,要掌控整个讨论过程,对讨论过程中可能出现的争论不休或偏离主题等问题及时进行解决。

5. 评价任务

在任务评价阶段,教师可以鼓励各个阅读圈进行自评与互评。在互评时,可以根据每个阅读圈展示的阅读成果以及成员讨论表现进行打分。学生互评完成后,教师可以进行总结,对各阅读圈及学生自身的表现进行点评。需要注意的是,教师在点评时要注意尊重学生对文化的不同观点，重点关注学生思想的深度和广度，同时对那些积极参与讨论的学生提出表扬，以此带动全班学生积极参加此类活动。

第二节　大学英语写作教学中的跨文化教育

一、大学英语写作教学概述

(一)大学英语写作教学的目标

1. 大纲规定目标

《大学英语课程教学要求》对大学英语写作教学的目标给出了相应的说明。

一般要求：

(1)能完成一般性的写作任务。

(2)能描述个人经历、观感、情感和发生的事件等。

(3)能写常见的应用文。

(4)能在30分钟内就一般性话题或提纲写出不少于120词的短文，内容基本完整，中心思想明确，用词恰当，语义连贯。

(5)能掌握基本的写作技能。

较高要求：

(1)能基本上就一般性主题表达个人观点。

(2)能写所学专业论文的英文摘要。

(3)能写所学专业的英语小论文。

(4)能描述各种图表。

(5)能在30分钟内写出不少于160词的短文，内容完整，观点明确，条理清晰，语句通顺。

更高要求：

(1)能用英语撰写所学专业的简短的报告和论文。

(2)能以书面形式比较自如地表达个人的观点。

(3)能在30分钟内完成不少于200词的说明文或议论文，思想表达清楚，内容丰富，文章结构清晰，逻辑性强。

2. 大学英语写作教学目标解读

(1)语言目标

通常，英语写作需要学生独立完成，学生写作的过程实际上是巩固英语语言知识的过程，因此语言目标是英语写作教学的基本目标。在语言层面，学生在写作过程中要注意以下几点。

首先，学生的文章是由无数词语组成的，因此词语的准确选择与表达是非常重要的。对一篇文章的作者来说，选词是其与读者进行沟通的重要手段之一。同时，选择具有较强的主观性，与作者的写作风格以及个人爱好有关。英语中存在大量一词多义的现象，因此作者在选词时要多加考虑，如注意选择褒义词还是贬义词，选择具体词还是概括词，选择正式词语还是非正式词语等。

其次，英语句式种类繁多，英汉语言在句法层面存在诸多差异。例如，在句子重心方面，英语句子一般重心在前，而汉语句子与之相反，即重心在后。在语态方面，通常来说，英语善用被动语态，而汉语善用主动语态。如果从线性延伸的角度考虑，英汉语言采用不同的延伸方式，英语采用顺线性扩展延伸机制，汉语采用逆线性扩展延伸机制。很多中国学生容易受汉语思维的影响，写出不符合英语表达习惯的句子。因此，在大学英语写作教学中，教师要向学生传授英汉语言句子之间的差异，增强学生对英语句式的认知，掌握正确的表达方式。

最后，拼写与符号是属于语言目标的范畴，因为其主要涉及学生的基础知识，包括单词的拼写和标点符号的正确与否。拼写与符号虽然属于细节问题，也往往被学生所忽略，但它们对英语写作有着重要影响。因此，在大学英语写作教学中，教师不可忽视拼写与符号的重要性。

(2)结构目标

在写作之前，教师首先要向学生介绍不同的文体结构及其构成，然后要求学生按照某种文体结构的框架进行写作。学生也只有了解了不同题材、体裁文章的谋篇布局，才能根据写作目的选择适当的扩展模式。这里主要以描写性段落和议论性段落进行说明。

描写性段落的文体结构如下所述。

主题句——主要用来介绍主题。

扩展句——以时间、重要性等顺序扩展细节、说明主题。

结论句——主要是细节概述，并进行主题重述。

议论性段落的文体结构如下所述。

主题句——陈述读者应信之理、应做之事。

扩展句——以“说服”的顺序扩展细节、阐述原因。

结论句——主要是总结或重述论点。

(3)写作技巧目标

英语写作过程大致可以分为写作前、写作中和写作后三个阶段，每一个阶段都需要学生掌握一定的写作技巧，如此才能完成一篇质量较高的习作。例如，在选题构思阶段，学生需要了解思绪成串法、自由写作法、五官启发法等，以对选题进行更好的构思。在段落展开阶段，学生可以按照时间、空间、段落、定义、过程、分类、因果关系等展开具体写作。在结尾阶段，学生可以根据文章的写作目的等采取建议式、总结式、引语式、重复式、展望式、警示式等方法进行结尾。

此外，学生在写作时要注意段落之间的过渡和衔接问题，要做到句子之间紧密相连、段落之间环环相扣、内容之间衔接流畅，总之要保证文章的逻辑性与连贯性。为此，学生需要掌握一些过渡语，过渡语的使用可以有效地增强文章连贯性。这里我们介绍一些学生在写作中常用的过渡语，如表 6-2 所示。

表 6-2　学生写作中常用的过渡语或衔接词

过渡语或衔接词作用	具体示例
表示并列	and, or, also, as well as likewise
表示转折	but, yet, however, while, though, otherwise, nevertheless
表示比较	similarly, equally, important, in the same way
表示递进	what's more, besides, moreover, what's worse
表示让步	now that, even if, in spite of, no matter, despite
表示因果	so, since, because, therefore, thus, accordingly, as a result, consequently, because, for this reason
表示解释	that is, in another word, or, in other words
表示条件	as long as, so long as, on condition that
表示举例	for example, such as, like
表示强调	above all, in deed, especially, really
表示时序	first… second, then, finally, at last, afterwards
表示空间	here, there, in front of, at the back of, next to
表示归纳	all in all, in short, to sum up
表示转换	I'm afraid, you know, as far as I know
表示列举	firstly… secondly… finally, one… another…

(资料来源:葛文改,2009)

(二)大学英语写作教学的原则

1. 循序渐进原则

任何一件事情的顺利完成都是需要花费时间的,都是一个循序渐进的过程,英语写作教学也不例外。在大学英语写作教学中,循序渐进原则主要涉及以下几个方面。

(1)语言层面:由低到高

在语言层面,教师可以先让学生进行句子写作方面的练习,逐步过渡到段落与篇章的写作。由于课堂教学时间有限,教师可以将对句子的写作训练穿插在其他技能课中，如精读和听说课。此外，教师可以组织各种训练活动，如连词组句、补全句子、合并句子、扩充句子等，学生对句子写作逐步熟练后，教师就可以增加难度，过渡到篇章写作。

(2)语法结构层面：由易到难

我国学生受汉语思维的影响，在写作中存在各种语言错误，其中最多的错误是基本语法错误，如词类错用、时态和语态误用等。语法是英语听、说、读、写各项能力的基础，语法不好会对英语学习产生隐性而持久的影响。在写作过程中，很多学生都因语法欠佳而无法使用哪怕稍微复杂一点的表达，这样势必会影响输出效果，写作质量也不会太好。因此，学生必须重视语法学习，掌握基础的语法结构，在此基础上掌握更为复杂的语法结构。

具体来说，在写作学习中，学生要先掌握简单句，然后掌握复杂句和并列句；先掌握短句，然后掌握长句；先掌握陈述句，然后掌握虚拟句和感叹句。[①] 对教师来说，也要坚持循序渐进原则，在语法结构上由易到难，帮助学生巩固基础，进而攻克薄弱环节。

(3)体裁层面：由简到繁

对学生来说，不同文体其难易程度各不相同。一般来说，记叙文的写作难度较低，其次是描写文，然后是说明文，议论文的写作难度最高。因此，在写作体裁方面，学生应从记叙文的写作训练开始，逐步向其他文体过渡。

(4)话题层面：由熟到生

学生对于自己熟悉的话题往往更有写作兴趣，写起来也相对容易。因此，教师在写作训练中，可以先从学生熟悉又感兴趣的话题开始，等学生掌握一定的写作技巧后，可以让学生就一些社会热点问题等表达自己的观点，锻炼学生的写作水平。

---

① 黄元龙．浅议高职英语写作教学的循序渐进原则[J]．开封教育学院学报，2017，(2)：152．

2. 注重基础原则

在写作教学中要坚持注重基础原则，这样才能化难为易，使学生更轻松地进行写作。注重基础原则首先需要教师加强英汉词汇和句法的对比教学，因为英汉语言在词法和句法层面存在较大差异，学生很容易受汉语思维的影响，把汉语表达方式直接套用到英语中，从而产生 Chinglish。

在词汇层面，教师要注重语言对比，避免英汉单词意思的简单对应，多从语境层面出发进行教学。例如，以下例子中都含有 pick 一词，但是其含义各不相同。

pick flowers 采花

pick sb.'s pocket 掏包

pick one's brain 剽窃思想

pick one's teeth 剔牙

pick one's way 选择道路

pick one's words 措辞

在句法层面，英汉语言也存在明显区别，如英语句子讲究形合，汉语句子注重意合；英语是主语突出型语言，汉语是主体突出型语言；英语句子习惯先局部后整体，由小到大，汉语表达则相反。例如：

遵守交通规则是很重要的。

Obey the traffic rules is important.（错误表达）

It is important to obey the traffic rules.（正确表达）

总之，教师在写作教学过程中需要重视基础层面，帮助学生打好写作的基础。学生的写作基础打好了，自身的写作能力才能得到切实提高。

3. 建立科学的评价机制原则

教师对学生写作进行评价时，要注重对写作过程而不是结果的评价，建立以学生为中心的评价体系。具体来说，教师首先要了解写作能力的基本评价标准,如标点符号的使用、单词拼写、语法运用、写作内容、表达的逻辑性与创造性等,都要纳入评价范畴。其次,教师的评价应以激励为主,尽量采用描述性语言,避免直接批评学生。最后,对于学生习作中存在的问题,教师要帮助学生分析原因,并提出相应的解决办法。总之,教师建立以学生为中心的评价体系,既维护了学生的自尊心,又激发了学生对英语写作的兴趣。

二、大学英语写作教学中的文化差异

(一)词汇差异

在英汉语言中,有一些词汇虽然字面意义相同,但情感意义不同,也就是词的褒贬含义不同。对此,教师在英语写作教学中要多加注意。

此外,受文化差异的影响,很多英汉词汇在象征意义上存在很大差异,这在数字词、色彩词、动物词、植物词等方面体现得尤为明显。在不同语言中,同一概念可能被赋予了不同的象征意义。可见,英汉语言词汇层面的文化差异对英语写作往往具有很大影响,学生如果不能很好地把握词汇的文化内涵,在具体的写作过程中很有可能会误用词语,从而带来不良的后果。因此,教师在英语写作教学中要有意识地引导学生掌握这方面的知识,避免出现不当甚至错误的表达。

(二)话语表述差异

英汉话语表述存在明显差异,并对英语写作产生了较大的影响。具体来说,英语话语表述通常为“主语—谓语”结构,即主谓结构。但汉语的话语表述多为“话题—说明”结构,其中“话题”是指说话者意图表述的对象,“说明”是指说话者对意图表述对象的解释。例如:

Some books are to be tasted, others to be swallowed, and some few to be chewed and digested.

有些书可浅尝辄止,有些书可囫囵吞枣,有些书要细嚼慢咽,慢慢消化。

在英语写作过程中,很多学生因受汉语话语表述方式的影响,常用多个并列的句子进行表述,这明显有违英语话语表述的习惯,从而给人留下“中式英语”的印象。这就要求教师在写作教学中注意向学生传授英汉语言在这方面的差异,让学生在清楚了解这些差异的基础上,避免受母语迁移的负面影响,锻炼英语思维,从而写出符合英语表达习惯的地道文章。

(三)语篇文化差异

语篇的衔接手段有两种类型:词汇衔接和语法衔接。词汇重述、上义词、下义词、同义词、搭配等属于词汇衔接;照应、替代、省略、连接属于语法衔接。在词汇衔接层面,英汉语言并没有太大的区别,二者在语法衔接层面的差异较大。这些差异会直接影响学生的写作。

1. 替代

替代即对上文中所提到的内容使用其他形式进行代替,这是语篇衔接过程中经常采用的一种手段。在英语段落中,人们经常使用词汇来传达两个句子之间所形成的呼应关系。在英语语言中,替代的形式有很多种,常见的包括三种:名词性替代、动词性替代、分句性替代。在汉语中,人们很少使用替代形式,因而典型的替代形式比较少见。通常,汉语中人们习惯对某一个词或某一些词进行重复,通过重复来实现句子与句子之间的连贯。另外,汉语中还经常使用“的”的结构实现连接。

2. 省略

省略就是将句子、段落、文章中某些可有可无的成分省略不提。在英语语篇中,人们经常通过省略实现语言凝练、简洁的目的。众所周知,英语语法的结构是十分严谨的,因此不管从形态还是从形式上而言,使用省略这一方式都不会引起歧义现象。英语语篇中经常出现省略的情况,而汉语语篇在省略的频率上要远远低于英语语篇。另外,英汉语篇对于省略的成分有不同表现:英语语篇中不会省略主语,但汉语语篇中除了第一次出现的主语之外,后面出现的主语往往都可以省略。出现这种区别的原因主要是,汉语主语与英语主语相比较而言,其控制力、承接力都更加强大。

3. 照应

照应是指当无法对语篇中的某一个确定词语进行解释时,可以从这一个单词所指的对象中找到答案,这就意味着这一语篇中形成了一种照应形式。从本质上而言,照应表达的是一种语义关系。

在汉语语篇中,照应关系随处可见。汉语中不存在关系代词,但英语中有大量关系代词,尤其是人称代词。因而,汉语语篇通常会使用人称代词来表达英语语篇中所形成的照应关系。

在英汉语篇中,照应关系的类型是基本相同的,不过二者使用这一形式的频率表现有很大差异。英语照应中使用人称代词的频率比汉语要高,这与英语行文通常要求避免重复,而汉语多用实称有很大的关系。

三、大学英语写作教学中跨文化教育的方法

(一)综合教学法

英语听、说、读、写各项基本技能并不是孤立存在的,而是互相联系、互相影响的。在大学英语写作教学中,教师可以将几种技能教学有机结合起来,这可以促进学生各项能力的全面发展。

1. 听与写结合

听是语言的输入,学生多听可以为自己积累语言素材,以便

更顺利地进行写作。在写作教学中，教师可以将写作与听力结合起来。例如，可以通过边听边写的教学方式帮助学生提高写作能力。教师可以让学生听录音或直接为学生进行朗读，并且让学生随时记录下来听到的内容。这里的内容可以是多样化的，既可以是英语教材上的文章，也可以是课外读物上优美的文章，还可以是一些精彩的小故事。

再如，在边听边写的基础上，教师可以进一步加深教学，让学生完成听后复述任务。具体来说，教师可以自己朗读，也可以播放录音给学生听，让学生集中精力听三遍。听完后，学生可以笔述，也可以直接进行复述。需要注意的是，在这里教师不必对学生要求太高，即不用让学生一字不落地复述下来，而是总结出所听材料的大意即可。学生笔述或复述活动可以很好地帮助其提高语言组织和表达能力，从而为写作打下坚实的基础。

2. 读与写结合

读与写都是语言信息的输入，它们之间是相互促进、相辅相成的，读是写作素材的重要来源，可以帮助学生增加接触英语语言的机会；写则可以帮助学生进一步加深和巩固阅读能力。在阅读过程中，很多学生都是理解了文章的内容即可，很少从中吸取有利于写作的素材。对此，教师应引导学生在阅读中体会作者遣词造句的技巧，并培养学生记笔记的良好习惯，从而使学生积累大量的有利于写作的语言知识。这样，学生不仅能更加深刻地阅读，也能提高写作能力。

3. 说与写结合

说和写都属于信息的输出，书面语是从口语发展而来的，它们之间是相互贯通的。因此，教师可以通过说和写结合的方式进行写作教学。例如，教学中有很多包含对话的文章，教师可以让学生将一些对话改为短文。学生在改写过程中，要格外注意时态、语态以及人称的变化，并尽量使用对话中的新词汇和新句型。

(二)对比教学法

英汉语言与文化在很多方面都存在差异,这些差异必然会影响学生的写作。学生要想写出用词地道、语句流畅、逻辑连贯的文章,首先必须熟悉英汉语言与文化之间的差异,对此教师就要引导学生深入了解这些差别,进行对比教学。大致而言,对比教学法主要涉及以下几个层面。

1. 语句层面

教师在批改学生作文时应指出学生写作中不符合英语表达习惯的语句,并且注明地道的英语表达方式,使学生更清楚地看到差别,在不断的修改过程中逐渐学会用英语进行思考与表达。例如:

原文:老、幼、病、残、孕专座。

中式英语的表达方式:Seats reserved for seniors,young people,patients,the disabled and the pregnant.

规范英语的表达方式:Seats reserved for the old,the young,the sick,the disabled and the pregnant.

分析:规范英语表达在选择词汇时更加注重读者的感受。

原文:肺炎是传染的。

中式英语的表达方式:Pneumonia is contagious.

规范英语的表达方式:Pneumonia is infectious.

分析:按照英美人的文化习惯,呼吸传染用 infectious,接触传染用 contagious。

2. 语篇层面

语篇是语言的使用,是更为广泛的社会实践。教师可引导学生了解并思考英语文章是如何发展主题、组织段落、实现连贯的,以此帮助学生对英语语篇结构有一个立体的、综合的认识。

3. 思维模式层面

在思维模式层面，中西方也存在较大差别。我国学生的英语作文普遍存在两大缺陷，即“重点不突出”和“黏着性差”，这在很大程度上是因为欠缺英语思维造成的。对此，在大学英语写作教学中，教师应有意识地引导学生对中西方不同的思维方式和特征进行对比研究，包括基本词汇文化内涵比较研究、深层文化对比研究、情景对话行为规则的研究等，帮助学生掌握英语篇章组织的思维逻辑，培养英语思维模式，进而能够用英语思维模式进行写作，最终写出符合语言交际规范的文章。这就需要学生用西方的写作思维模式勤加练习，没有大量的练习，写作理论与技巧只能流于形式。学生只有勤写多练，才能发现与解决自己写作中的问题，不断将所学语言知识以及英语思维方式应用于英语写作实践中，逐步提高英语写作能力。

第三节　大学英语翻译教学中的跨文化教育

一、大学英语翻译教学概述

(一)大学英语翻译教学的目标

1. 大纲规定

英语翻译教学的目标是培养学生的各项翻译能力，使学生能够顺利进行翻译。《大学英语课程教学要求》将大学英语翻译教学要求分为三个层次，即一般要求、较高要求和更高要求。

一般要求：

(1)能借助词典对题材熟悉的文章进行英译汉，译速为每小时约 300 个英语单词，译文基本传达原文的意义，无重大的理解和语言错误，符合中文表达习惯。

(2)能借助词典对题材熟悉的文章进行汉译英，译速为每小时约 250 个汉字，译文基本传达原文的意义，无重大的理解和语言错误，符合英文表达习惯。

(3)能借助词典将与专业相关的文章、介绍、提要、广告、产品说明书等翻译成汉语。

较高要求：

(1)能借助词典翻译英语国家一般报纸、杂志上题材熟悉的文章。英汉译速为每小时约 350 个英语单词，译文通顺达意，理解和语言表达错误较少。

(2)能借助词典对一般性题材的文章进行汉译英，译速为每小时约 300 个汉字，译文通顺达意，理解和表达错误较少。

(3)能摘译所学专业的英语文献资料。译文符合中文表达习惯。

(4)能使用适当的翻译技巧。

更高要求：

(1)能借助词典翻译所学专业的文献资料和英语国家报纸、杂志上有一定难度的科普、文化、评论等文章，英汉译速为每小时约 400 个英语单词，理解准确，基本无错译、漏译，译文流畅。

(2)能将反映中国国情或文化的介绍性的文章译为英文，汉英译速为每小时约 350 个汉字，基本无错译、漏译，译文达意，符合英语表达习惯。

《高等学校英语专业英语教学大纲》也对专业英语六级(相当于第六学期结束)和八级的翻译教学目标做了明确的要求。

六级目标：

(1)掌握常用的翻译技巧。

(2)初步了解翻译基础理论和英汉两种语言的异同。

(3)能将中等难度的英语篇章或段落译成汉语，译文忠实原文，语言通顺。

(4)翻译速度达到每小时 250～300 个英文单词。

(5)能将中等难度的汉语篇章或段落译成英语，速度和译文要求与英译汉相同。

(6)能担任外宾日常生活的口译。

八级目标:

(1)能运用翻译理论与技巧,将英美报纸、杂志上的文章以及文学原著译成汉语,或将我国报纸、杂志上的文章和一般文学作品译成英语。

(2)翻译速度达到每小时250～300个英文单词。

(3)译文要求忠于原文语义,语言流畅。

(4)能担任一般外事活动的口译。

2. 大学英语翻译教学目标解读

除了大纲规定的目标,我国很多学者也对翻译教学的目标进行了解读。

原传道认为:“大学英语翻译教学的最终目标是培养学生分析传译信息的能力,包括分析传译具体的语言内容和非语言内容,获得语言表达运用的能力。”①

王京平认为,英语本科专业翻译教学“以培养掌握基本翻译理论、具备一定翻译素质和技能的人才为目标,使他们了解必要的翻译策略和技巧,具有解决翻译困难的能力”。②

陈恪清认为,非外语专业翻译课的培养目标应是“培养综合素质好、专业精通、外语基础扎实、听说读写译综合技能过硬、适应性强的复合型人才和科技翻译人才”。③

由于专业性质和课程设置不同,非外语专业翻译教学的培养目标与翻译专业教学的培养目标也不同。具体来说,非外语专业翻译教学的培养目标应该低于英语本科专业和翻译本科专业的培养目标,翻译本科专业的培养目标则应高于英语本科专业翻译课的培养目标。

---

① 原传道.大学英语教学翻译之我见[J].教育与职业,2004,(20):49.

② 王京平.谈翻译教学的任务与目标[J].北京第二外国语学院学报,2003,(4):50.

③ 陈恪清.大学英语教学翻译和翻译教学的思考[J].外语与外语教学,2002,(7):43.

(二)大学英语翻译教学的原则

1. 循序渐进原则

翻译水平的提高不是一朝一夕就能实现的，必须经历一个长时间的训练过程。相应地，翻译教学也不能操之过急，应遵循由浅入深、循序渐进的规律，所选的语篇练习也应该是先易后难，逐步帮助学生提高翻译能力。从篇章的内容来看，应该从学生最熟悉的开始；从题材来看，应该从学生最了解的入手；从原文语言本身来看，应该从浅显一点的渐渐过渡到难一些的。这样由浅入深，学生们对翻译会越来越有信心，兴趣也会一点点增强，最终自然会提高翻译技能。

2. 题材丰富原则

当今社会迫切需要实用型、综合型的翻译人才。因此，翻译练习的材料应该做到多样化和系统化，这样才能更好地满足社会对翻译人才的需求。教师在教学过程中要遵循题材丰富原则，让学生接触不同的文体，进行有针对性的训练。具体来说，翻译的文体应该涵盖各种实用文体，如广告、新闻、法律、影视、科技、文学等。此外，教师需要注意，每一种文体的练习都不是孤立进行的，教师可以对学生翻译中的常见问题进行归纳与总结，如果某类翻译问题在某种文体练习中出现得较多，那么教师要及时进行解决，帮助学生更顺利地完成翻译训练。

3. 培养翻译能力与翻译批评能力相结合原则

翻译教学的基本目的是提高学生的翻译能力，但在培养学生翻译能力的同时，要注意提高学生的翻译批评能力。培养翻译批评能力有助于学生对自己的翻译成果做到心中有数，同时能从别人的成果中汲取优点，促进自身进步。当学生能够对别人的译作进行翻译批评时，也就能对自己译作的优劣心知肚明了。所谓批评能力，是指要对别人的译作进行客观的评价，既要点评优点，也要批评缺点，还应对错误的地方进行修正。总之，培养学生的翻译批评能力有利于学生学习他人的长处，并反思自己的错误，避免以后再犯。

4. 实践原则

实践是翻译活动的重要特征，因此教师应遵循这一原则，尽可能地为学生创造机会，如安排学生到翻译公司参与实际的翻译工作。翻译的好坏最终取决于译文读者的反馈，译作能否被接受要看是否符合客户的需求。这就决定了翻译教学不是封闭的，而是一门实践性很强的课程。因此，学生在正式从事翻译工作之前，能有机会进行一定的社会实践锻炼是非常有必要的，这对他们毕业以后能更快融入新的工作环境很有帮助。

5. 授业育人原则

德育是英语教学的重要内容，学校教育的目的不仅是培养有一定专业技能的人，而且是有高尚道德、具有一定审美情趣、有学习能力的人。因此，就翻译教学来说，翻译技能课不能只传授技能，还要融入丰富的人文和科技知识，使翻译训练真正变成一个有趣的过程。

在翻译教学过程中，教师应该了解学生的心理、喜好和需要，不仅要满足他们对知识的渴望，还要满足他们精神上的需求，将知识技能的传授融入他们自身的发展中。只有这样，学生才会乐于学习，在学习中健康地成长。

二、大学英语翻译教学中的文化差异

(一)价值观差异

价值观简单来说就是为人处世的基本原则，包括风土民俗、思想形态、伦理道德等，在人们的日常生活中处于主导地位。价值观从属于不同民族文化的体系，具有较显著的民族特征。由于中西方文化之间存在很大差异，因此在价值观方面也截然不同。

例如，集体主义与个人主义可以说是汉英不同文化的产物，它们之间的差异集中体现了中西方价值观念的差异，可以说是中西方价值观念差异的最典型体现，也是理解中西方社会文化的关键。中国传统文化一直倡导集体主义价值观，即当遇到个人利益与集体利益发生冲突时，人们往往被要求与集体利益保持一致性，甚至优先考虑集体利益。在这种价值观的影响下，中国人普遍具有强烈的集体观念，人们通常更看重集体和国家利益。但对于西方人来说，每个人都是独立的个体，理应被放在第一位。与集体相比，西方人更强调个人的意志，更注重自我价值的实现。这种价值观方面的差异对翻译也产生了一定的影响。

在英语中，individualism 一般被译为“个人主义”或“利己主义”，很多中国学生看到这个译文会以为这是个贬义词。实际上，在英语中这是一个褒义词，体现着西方人提倡积极奋斗的价值观念。此外，英语中“自私”的对应词是 selfish。因此，译者在进行翻译时，要充分考虑不同国家与民族的价值观念，如此才能准确运用词汇传达相应的文化信息。

(二)风俗习惯差异

风俗习惯是中西方文化差异的直观体现，不同地区的风俗习惯往往是由于国家及民族自身的地理位置、政治环境、经济条件、文化背景等决定的。在翻译实践中，风俗习惯对翻译的影响也是显而易见的。

中西方在饮食方面存在很大差异，而饮食习惯就是一种重要的风俗习惯。中国人向来十分注重饮食，俗话说“民以食为天”，中国人不仅讲究吃，而且追求美味，将美味作为评价食物的最高标准。而西方人在饮食上非常注重营养，往往以营养作为饮食的最高标准。在西方人的饮食观念中,维系生命、保持身体健康是饮食的主要目的,饮食并不是为了享乐。在饮食对象方面,西方人以面包为主食,而中国通常以米饭或面食为主食,这种差异在翻译中体现得很明显。例如,英文中有 a piece of cake 这一短语,如果直译为"一块蛋糕",会让读者感到莫名其妙,不知其意,这是因为蛋糕在中国人的主食中并不常见。但是,如果将其译为"小菜一碟",那就很容易为中国读者所理解。同理,在汉语中有"画饼充饥"这一成语,译者在翻译时最好译为 draw a cake and call it a dinner,这样会更容易为西方读者理解。

(三)审美心理差异

审美是人们对事物美丑做出的评判,是一种主观心理活动。审美受时代背景、社会环境、地域环境等客观因素的影响,因此不同文化背景中的人们在审美心理方面会存在一些客观差异。

众所周知,在英语中存在很多一词多义现象,很多词语都具有多重含义,这些含义在不同语境下可能会出现一定的矛盾和冲突,这其实就是因为审美心理差异导致的一种现象。这种现象在广告中体现得尤为明显,一个优秀的广告不仅要顺应当地社会的文化和风俗习惯等,还要充分满足当地人的审美心理需求。

例如,在我国,"芳芳"一词常用来作为人名,代表着花容月貌的青春少女。因此,如果某化妆品名称定位为"芳芳",会引起人们美好的心理联想,这对该品牌的推广也是很有利的。然而,在西方人的审美心理中,当听到"Fang Fang"时只能产生一种恐怖的感觉。因为在英语中,Fang 与很多词汇类似,如 a long, sharp tooth of a dog 的意思是"狼牙"。[1] 可见,当西方人听到该品牌名称时,会本能地产生一种心理不适,这对于品牌推广显然有害无利。这就提醒译者在翻译过程中要注意不同文化背景中人们在审美心理上的差异。

---

① 陈诚.英汉文化差异对翻译的影响[J].湖北开放职业学院学报,2018,(24):145.

三、大学英语翻译教学中跨文化教育的方法

(一)文化翻译策略传授法

翻译是语言之间的转换活动,语言又是文化的重要载体。由于学生在翻译过程中必定会遇到各种文化问题,因此教师在大学英语翻译教学中应向学生传授各种文化翻译策略,帮助学生更好地处理翻译中的文化因素,避免产生错译或误译,从而影响跨文化交际的顺利进行。

1. 归化策略

归化与异化是两种重要的文化翻译策略,它们是由美国翻译理论家劳伦斯·瓦努蒂(Lawrence Venuti,1955)在《译者的隐形》(*The Translator's Invisibility*)中提出的。

所谓归化策略,是指把源语本土化,即以译入语读者为归宿,对源语表达形式进行省略或替换,找到地道的表达形式表达译入语。这一策略要求译者像本国作者那样说话,将原文译为地道的本国语。归化策略可以增强译文的欣赏性与可读性,帮助读者更好地理解译文,但有可能会丧失源语的文化意义。例如:

谋事在人,成事在天。

杨宪益、戴乃迭译:Man proposes,Heaven disposes.

霍克斯译:Man proposes,God disposes.

原句是带有浓重中国特色的,两个译本都使用了对仗形式,与原作相称,但是对“天”的表达存在明显的差异。杨宪益夫妇将其翻译为 Heaven,是与中国的文化色彩相符合的;而霍克斯的翻译为了符合译入语读者的接受程度,将其翻译为 God。之所以存在差异就在于两个译本选择的翻译策略不同。再如:

等改完了剧本,你再唱你的《西厢记》或再唱你的“陈世美”。

(影片《一声叹息》)

After finishing the script, you can play out you "Casablanca" thing.

上述译文采用归化策略,用英语读者所熟悉的 Casablanca 进行表达,易于读者接受与理解。

2. 异化策略

异化策略与归化策略是相对而言的,它是指译者不打扰作者,而是让读者向作者靠拢,即译者对源语文化进行保留,并尽量向作者的表达贴近。受不同思维方式与文化背景的影响,不同民族对同一事物的认知存在明显的差异。译者在对具有丰富历史色彩的信息进行翻译时,应尽量保留其文化背景知识,而采用异化策略有助于传递源语文化,保留异国情调。例如:

As the last straw breaks the laden camel's back, this piece of underground information crushed the sinking spirits of Mr. Dombey.

正如压垮负重骆驼脊梁的最后一根稻草,这则秘密的讯息把董贝先生低沉的情绪压到了最低点。

上例对原文中的习语 the last straw breaks the laden camel's back 进行了异化翻译,汉语读者不仅能够完全理解,还可以了解英语中原来还有这样的表达方式。再如:

The town's last remaining cinema went west last year and it's now a bingo palace.

这个城镇留存的最后一个电影院去年也倒闭了,现在它成了一个宾戈娱乐场。

在英语中,bingo 是一种填写格子的游戏,目的是更快地认识参加聚会的人。在上例中,译者对其进行了异化处理。

3. 归异互补策略

自归化与异化的概念产生以来,翻译研究者们对二者孰优孰劣的问题就一直争论不休。归化和异化是对立统一的关系,二者各自存在适用范畴。实际上,绝对的归化和绝对的异化都是不存在的，而且在很多情况下，仅仅选择其中的归化或异化都是行不通的，因为它们都无法将源语的内容与意义准确地传达出来，对此就需要将二者相结合，即采用归异互补策略。一名优秀的译者需要在归化与异化之间找到一个折中点，对原作进行仔细品读，进而采用合适的策略来进行翻译。

需要注意的是，这个折中点并不是固定不变的一个“居中点”，有时可能距离读者近些，有时可能距离作者近些，但无论如何，都要遵循这一原则：接近读者时，不能距离作者太远；接近作者时，不能距离读者太远。唯有如此，才能在异化时不妨碍译文的通畅易懂，在归化时又不失去原文的味道。总之，译者需要弄清楚原文的底蕴，然后从翻译目的、作者意图等层面考虑，谨慎地对翻译策略做出选择，这样才能把握好翻译的分寸。例如：

I gave my youth to the sea and I came home and gave her (my wife) my old age.

我把青春献给了海洋，等我回到家中见到妻子的时候，已经是白发苍苍。

在翻译上述英文句子时，作者采用了归异互补策略。很明显，对 I gave my youth to the sea 这句话的翻译采用了归化策略，而对 I came home and gave her(my wife) my old age 这句话的翻译采用了异化策略。如果仅仅采用归化策略或者异化策略，很难达到现在的效果，也很难让目的语读者理解原作的含义。

在处理归化与异化之间的关系时，著名学者孙致礼(2003)认为，应该以异化策略为首选，归化策略为辅助。也就是说，译者在文化翻译时应该尽可能地实现异化，必要时还要保证归化。具体而言，可以总结为如下几点。

第一，一般来说，译者应该尽量选择异化策略，这样可以使译文实现“形神俱备”的效果。因此，在文化翻译实践中，译者如果觉得采用异化策略就可以将原作的内容传达出来，那么选择异化策略即可。

第二，如果译者觉得单独选择异化策略难以将原作的意义完全表达出来，或者很难实现译文的通畅，那么译者可以考虑将异化策略与归化策略相结合。

第三，如果译者觉得采用异化策略是完全行不通的，那么译者不能勉强采用异化策略，而应考虑选择归化策略，舍弃原作的形式来表达其内涵意义。

4. 文化调停策略

文化调停策略是译者在运用归化或异化策略都无法有效解决翻译问题时所采取的一种有效策略。所谓文化调停，是指将一部分甚至全部文化因素省略不译，直接翻译其中的深层含义。例如：

回头人出嫁，哭喊的也有，说要寻死觅活的也有，抬到男家闹得拜不成天地的也有，连花烛都砸了的也有。

Some widows sob and shout when they are forced to remarry; some threaten to kill themselves; refuse to go through with the wedding ceremony after they've been carried to the man's house; some smash the wedding candlesticks.

原文选自鲁迅先生的短篇小说《祝福》。在中国婚俗中，"拜天地"是一种特有的现象，并且"天""地"这两个字有着丰富的文化内涵。在中国人眼中，"拜天地"就是所谓的婚礼。但是，如果用异化策略进行翻译，目的语读者显然难以理解其真正含义，因此将"拜不成天地"译成 refuse to bow to heaven and earth 不合理；而采用文化调停策略进行翻译，如译文所示，省略原作的意象，直接翻译出原作的深层含义，这样目的语读者就能真正地理解原作的内涵，也能够获得与原作读者相同的感受。

5. 文化对应策略

文化对应策略是指采用目的语文化中知名的事件、人物等，对源语文化中的内容进行解析与诠释。例如，"梁山伯与祝英台"在汉语文化中是广为熟知的，但是在西方人眼中是陌生的。如果将其翻译成“罗密欧与朱丽叶”，那么西方人就知道是什么意思了。同样，“济公”与“罗宾汉”的互换也是如此。例如：

济公劫富济贫，深受穷苦人民爱戴。

Ji Gong, Robin Hood in China robbed the rich and helped the poor.

这是浙江兰溪的济公纪念馆中的一句话，在对这句话进行翻译时，如果将其译为 Ji Gong, Robin Hood in China 就很容易被目的语读者理解，其采用了文化对应策略。这样，也很容易让读者融入原作之中，探寻原作的奥妙。

（二）依托互联网背景进行教学

近年来，随着互联网信息技术的不断发展，“互联网＋”在众多领域得到了广泛运用。在大学英语翻译教学中，教师可以有效利用“互联网＋”教学优势，不断改革英语翻译教学的手段，更好地培养学生的翻译能力。

1. 更新教学理念

在“互联网＋”时代背景下，大学英语翻译教师要与时俱进，更新传统的翻译教学理念。具体来说，教师在教学中要充分结合当今社会对英语翻译人才的标准和需求，充分考虑学生的个性化特点，创造出多样化的教学手段，调动学生的主动性和积极性，提高教学效率。

2. 丰富教学内容和形式

在“互联网＋”时代背景下，可以凭借互联网优势有效实现英语翻译教学。例如，现今大学生都喜欢上网，教师可以充分利用这一点，进行网络化英语教学，开展英语视频教学，组织电影欣赏等活动，并要求学生进行自主翻译，锻炼翻译能力。再如，教师可以利用多媒体教学工具，为学生播放一些资深翻译官“同步翻译”的论坛视频，让学生感受翻译官的临场应变能力及其强大气场。这样，学生会以这些优秀翻译官为榜样，激励自身努力学习，提高翻译水平。

3. 建设和完善互联网英语翻译实践平台

当前，很多大学都已建立了互联网在线交流平台。因此，大学英语翻译教师可以利用英语互联网平台拓展英语翻译的内容，让学生可以借助互联网平台在线学习英语翻译。此外，教师可以开展各种形式的教学，如慕课、微课等，丰富学生学习英语翻译的途径，帮助学生切实提高英语翻译水平。

第七章　跨文化教育背景下大学生跨文化交际能力的培养

全球化引起了知识、信息、技术等资源在全球范围内的交流，文化多样性带来的冲击给当代的大学生带来了更多的压力与竞争，如何培养一批具备国际交往能力、拥有国际视野的大学生成为当前大学英语教学的重要内容。这就要求教师在跨文化教育背景下逐步提升大学生的跨文化交际能力。对此，本章首先分析大学生学习的主要因素，进而探讨大学生跨文化意识与能力以及非语言交际能力的培养问题。

第一节　影响大学生英语学习的主要因素

一、文化差异

文化具有普遍性的特征，不管什么文化都包括主观文化和客观文化，其代表了人类共同的物质和精神需要。但它们的具体表现会根据群体和环境的不同而有所差异，这就是文化差异。中国的《三字经》中写道："性相近，习相远。"西方文化学界也有这样的感叹：文化的共性将我们聚到一起，文化的差异性使我们彼此分开。致使国家、民族、群体等概念形成的重要因素也是文化差异。正是这个原因，文化学习和文化交流才有了动因和基础，假如所有人共享统一的文化系统，就无须进行文化学习了。

文化上的差异对于文化学习的影响主要体现在差异的大小上。实践证明，文化差异越大，文化学习的难度就越大；相反，文化差异越小，就越容易学习。比如，对于中国学生而言，要学习美国文化显然比欧洲学生困难，因为东方文化与美国文化的差异要远远大于欧洲文化与美国文化的差异。

二、文化体验

学习者的文化体验对文化学习的影响主要体现在如下三个方面。①

(1)学习者已有的文化体验决定了他们对某些文化概念较为熟悉，对另一些文化概念则较为陌生。教育心理学研究证明，学习者对所学内容的熟悉程度对学习这种东西的感知有着直接影响。对于外语教学来说，教师通常会选择一些学生较为熟悉的主题，将所教授的语言点放在学生熟悉的材料中，以激发学生的兴趣，从而更好地吸收知识。文化是人们组织和解释经历的内部机制，所以学生先前的文化体验是其学习新概念的基础。在教学过程中，教师要想引入一些新的概念，既不可以根据学习者的本族文化进行外语教学，也不可以脱离本族文化，将目的文化的环境照搬到外语教学中。最恰当的做法是：在新旧文化之间搭起一座桥梁，从学习者比较熟悉的文化概念入手，适当引入一些新的、陌生的文化概念。

(2)一般情况下，人们会根据自己的文化体验理解和组织新的文化经历。大量的心理学研究得出这样一个结论：有的文化倾向于场依赖(field dependence)的感知模式，有的则倾向于场独立(field independence)的感知模式。倾向于场依赖的感知模式会将文化看成一个综合、概化的内容，注重合作与和谐；倾向于场独立

① Robinson，G. N. *Cross-cultural Understand：Process and Approaches for Foreign Language，English as a Second Language and Bilingual Educators*[M]. New York：Pergamon Press，1985：18.

的感知模式通常对具体、独立的项目进行感知，不依赖他人或周围环境的帮助，注重具体细节，喜欢使用标准的图表。比如，中国偏向场依赖或称“场敏感”(field sensitivity)的感知模式，归纳、综合是常见的方法，注重合作与和谐。美国偏向于场独立的感知模式，注重独立思维和批判及分析的能力。可见，生活在不同文化中的学习者在理解和组织新的文化知识和经历时会表现出不同的特征，所以就会有不同的文化学习方式。罗宾逊(Robinson)在列举了几个心理学实验的基础上得出结论：“在没有外界干预的情况下，人们通常是根据他们自己以前的经历和期望来筛选和阐释刺激的。”[①]由该结论我们可以得到这样的启示：当学习者学习一种与本族文化差异较大的文化时，可能还没有形成对这种文化的敏感性，无法感知这种文化的内容，所以教师不应勉强他们立即感知并理解所学文化材料，而应尽可能地吸引他们了解这些文化，帮助其理解和感知所学文化。

需要注意的是，根据文化来划分场依赖和场独立不是绝对的，同一文化中包含各种不同个体，他们的感知模式可能与主流文化的倾向不同，甚至可能相反，所以我们只能说学习者的文化体验对他们的感知模式起一定的作用。文化教学应考虑学习者的感知模式，一方面迎合他们学习方式和特点的需要；另一方面，通过让他们接触不同的感知模式，扩大他们思维和学习的灵活性，接受多种不同方式的教学，这本身就是文化教学的一部分。对此，Ramirez 和 Castaneda(1974)做出了如下评论：“文化民主教育的目的是帮助孩子们成为双认知的人，即让他们能够用场敏感和场独立两种认知风格，轻松、有效地学习和工作。”[②]

---

① Robinson, G. N. *Cross-cultural Understand: Process and Approaches for Foreign Language, English as a Second Language and Bilingual Educators* [M]. New York: Pergamon Press, 1985: 18.

② Ramirez, M. & Castaneda, A. *Cultural Democracy, Bicognitive Development and Education* [M]. New York: Academic Press, 1974: 152.

(3)对于不同的文化,在呈现或输入信息以及在对信息做出反应或输出信息时,应采用不同模式,形成不同的倾向,并且不同的文化体验会对人们输入和输出信息的方式产生影响。通常,接受过正规教育的学习者习惯语言表达,可以以图片等视觉刺激为辅;而没有接受过正规教育的学习者,用具体直观的方式介绍新知识或许更有效。通过对比不同文化可以发现,处在低语境文化(如美国)中的人们,语言表达直截了当、具体明了,有话直说,不用对方猜测自己的意思,对方可以根据话语理解其含义,所以在这种文化中语言是一个主要的信息输入和输出渠道,其他非语言交际手段为辅助手段。处在高语境文化(如中国、日本等)中的人们,对于语言表达总有些复杂,因为他们的话语含义往往与说话的场合、对象及说话人的话外音有很大的关系。所以,两种文化相互对比,在同一场合中,高语境文化的人们语言表达少于低语境文化的人们,而高语境文化的人们比低语境文化的人们对环境更敏感,更善于通过语言之外的其他信息输入与输出渠道捕捉信息。

可见,文化教学应该在分析学习者对信息输入和输出特点的基础上,设计一些切实可行的方法,运用多种信息输入和输出模式呈现教学内容,鼓励他们用多种手段做出反应,一方面能满足不同学习者学习特点的需要;另一方面可以引导他们了解和接受多种信息输入和输出模式,从而增强文化学习的灵活性。

总之,学习者的文化体验通过影响学习者的感知和认知模式对文化学习起作用。文化教学必须充分考虑学习者的这些特点,以文化多样性为原则,设计教学活动,这样做有如下三个好处。①

(1)它使不同风格的学习者享受均等的教育机会。

(2)它促进外语教学,因为语言学习与其他学习一样都是从已知出发去发现未知。

---

① Robinson, G. N. *Cross-cultural Understand: Process and Approaches for Foreign Language, English as a Second Language and Bilingual Educators*[M]. New York: Pergamon Press, 1985:25.

(3)它有利于实现外语教学促进文化理解的目标，因为文化理解的一个方面就是培养学习者感知模式的多样性和灵活性。

从另一个层面说，我们还能得到这样的结论：学习者文化体验（包括本族文化和外国文化的经历）越丰富，他们接触的感知和认知模式就越多，文化学习就越顺利，效果就越显著。当然，这不是一个绝对的理论，因为文化体验也会给文化学习带来负面的影响。其具体体现在如下两个方面。

(1)学习者长期生活在本族文化的环境中，自然会沾染民族中心主义思想，这对外国文化的学习非常不利。

(2)一些不愉快的跨文化交际体验会在学习者的心理上蒙上阴影，使他们对外国文化的学习产生畏惧、厌烦等消极情绪，对外国文化表现出敌视的态度。

三、学习环境

学习者学习文化的环境既可以指其所处的社会大环境，又可以指其接受教育的学校和课堂小环境，两种文化有着密切的联系。这里重点对学校和课堂小环境文化进行说明。

英语教学具体涉及第二语言教学和以英语作为外语的教学，二者的区别是社会文化环境的不同。第二语言教学就是在目的语言、社会和文化环境中学习英语，学习者一方面可以在课堂上学习英语，另一方面能接触目的语言和文化，是一种浸入式的语言和文化学习模式，这种现象在美国、加拿大和澳大利亚等多移民国家极为普遍。相对来说，在英语作为外语的教学中，课堂是学习者学习语言的主要渠道，并且能接触目的语言和文化的机会要少很多。两种社会环境对文化学习有如下几点影响。

(1)语言与文化的输入量会对学习者的文化学习有直接影响。文化学习不仅需要学习者学习文化知识，还需要他们在情感上习惯并接受文化差异，愿意从目的文化价值观的角度理解目的文化。

(2)在两种不同的社会环境中学习外国文化,学习者的动机和动力也有着很大的差别。一般来说,第二语言学习者的动力很足,面对目的文化,他们往往有一种迫切感。为了更快、更好地适应主流文化,更好地在这个文化中生活、工作和与人相处,他们利用各种机会学习目的文化,所以效果显著。在英语作为外语的教学环境中,学习者由于缺乏紧迫感,缺少机会,所以学习的动力明显不足。

(3)在两种不同的环境中学习外国文化,学习者感受到的文化冲撞程度不同。第二语言学习者由于与目的文化接触的机会更多,与目的文化中的人交流的内容更广、更深,因此文化冲撞的频率和程度必然比英语作为外语教学学习者要更高、更强。强烈的文化冲撞可能导致两种结果:大部分第二语言学习者能够通过文化冲撞的经历切实感受到文化之间的差异和冲突,并从中获取很多经验和教训,最终成功完成从文化中心思想向文化相对思想的转变,要么被目的文化同化,要么成为一名具有跨文化交际能力的文化边缘人。另外,有一部分第二语言学习者由于受文化冲撞过度的冲击而退缩,将自己封闭起来,成为封闭型文化边缘人,或干脆保持原来的文化身份和行为特点。在英语作为外语的教学中,学习者虽然不会经受如此巨大的文化冲撞,但正因为缺少文化冲撞的经历,这种不痛不痒的特点使他们的文化学习片面、肤浅,很难达到一定的高度。

(4)文化学习的环境会对文化学习和教学的方法产生较大影响。外语教学中的文化教学往往受环境的限制,所以教师在设计教学活动时既要考虑符合文化学习对学习者认知、心理和行为各个层面的要求,又要做到因地制宜,保证所设计的任务和活动可行。

四、学习时间

通常,学习者的年龄会在一定程度上影响文化学习的内容和方法。对于任何学习者而言,对本族文化的学习都是从出生那一刻开始的,直到青春期才基本结束(并非完全结束),所以这一阶段对本族文化和母语的学习是非常关键的时期,一经错失,再想学就会异常艰难。这是因为,对于人类而言,认知发展的最关键时期就是儿童阶段,人们的整体智力水平、基本的感知和认知结构以及性格等基本都是在这一时期形成的,并在以后的生活中得到巩固和发展。

心理学理论对于第二文化或外国文化的学习也有很大的启发性。如果儿童时代是感知模式和认知图式形成的关键阶段,那么外国文化教学就应该在这个时期向学习者灌输多种感知和认知模式,扩大他们的视野,增强他们理解事物的灵活性和多维性。当人们进入少年时代,生理上正朝向成年过渡的时期,是身份感、归属感形成和加强的重要时期[①],而且是人们对他人或他群(outroup)态度变化最大的时候,因此这一时期的文化教学应该以培养学习者对目的文化积极、肯定的态度,弱化民族中心主义思想,增强文化相对论思想为中心任务。

尽管学习者的年龄对文化学习和教学的内容和方法有一定的作用,但年龄与学习的关系始终是一个有争议的、极为复杂的问题,没有绝对化的结论,所以不能成为文化教学设计的主要依据。

此外,还有很多因素会影响人们对文化知识的学习和掌握,如学习者的性格因素、所接触的两种文化之间的关系等。总之,文化教学应将各种因素都尽可能地考虑在内,以便合理地设计文化学习的框架和步骤,使设计的活动满足学习者的需要、符合当前的社会环境。

① Erikson,S. *Identity*:*Youth and Crisis*[M]. New York:Norton,1968:128-135.

第二节 大学生跨文化意识与能力的培养

一、跨文化交际意识

(一)跨文化意识的含义

"跨文化意识"最早是由西方学者汉维提出的交际理论,指的是在交际过程中承认和理解文化差异的能力,并能有效地在交流中避免文化障碍的能力。① 西方学者 Chen 和 Stacosta 具体解释了"跨文化意识"这一概念:"跨文化意识是跨文化交际中认知方面的问题,指的是对影响人们思维与行动的文化习惯的理解。跨文化意识要求人们认识到自己具有文化属性,也要基于同样的认识去探寻其他文化的突出特征。只有这样,他们才能在跨文化交际中有效地理解他种文化人们的行为。由于每一种文化都有其独特的思维方式,不同文化之间的误解就往往会在跨文化交际中造成严重问题。"②

上面这一段话主要说明跨文化的问题集中于人的认知方面,但是跨文化意识又与其他可以学习和认知的知识、信息不同,它主要作用于人们对于风俗文化的理解。在跨文化意识的帮助下,人们不仅要理解自己是文化人,也要将其他人看作文化人,并且有意识地探究和理解他国与自己国家之间的文化差异,并将跨文化理论应用到实际的交流中。跨文化意识注重人的认知,忽略了人们对于文化差异的"承认"和"接受"。要想有效地

---

① Hanvy,R. G. *Reading In Cross-cultural Communication*[M]. New York:Newbury House,1979:25-55.

② 转引自 Samovar,A. L. et al. *Communication between Cultures*[M]. Beijing:Foreign Language Teaching and Research Press,2000b:407.

提高跨文化交际的效率，不仅要认识到文化之间的差异，还要接受和理解这种差异。只有这样，人们才能更加顺利地进行跨文化交流。

在跨文化交际中如果能够具备一定的跨文化意识，就能够认识到不同国家之间人们的风俗习惯、行为方式有很大的不同，而这种不同是客观存在的，是合情合理的。虽然有所不同，但并不意味着谁会高人一等，人人都是平等的。在跨文化交际中，必须深入理解和接受不同文化之间的差异，而其前提条件就是要具备一定的跨文化意识。

（二）跨文化意识形成的过程

从获取跨文化意识所经历的重重艰难和挫折可以看出，要想使跨文化意识得到提高，就必须克服各种艰难和阻力，同时要意识到获得跨文化意识必须经历一个既漫长又艰苦的过程，并努力坚持，如此才能最终达到使自己满意的跨文化交际能力和文化适应水平。

1. 获得跨文化意识的层次

第一个层次：保持旅游者的心态。这一层次主要特点是从本国文化的视角去观察其他文化，往往看到的是浮于表面的且孤立的现象，并习惯将这些现象模式化，将某个事件看作普遍的现象，将浮于表面的现象当作文化的本质特征。此时，新来者可能会具有非常强烈的文化偏见，但对新的文化又会有一种新奇感。

第二个层次：有文化休克的现象。由于新来者对新文化缺乏认识，因此常导致文化误解和文化冲突的事件频频出现，新来者在此环境下不免会受严重的影响，如容易感情用事、缺乏理性思考，对新的文化和环境易产生抵触和逃避的态度。无所适从、忐忑不安、抵触心理严重是文化休克的三大主要心理特点。

第三个层次：要具有理性分析和想适应的态度。新来者伴随着跨文化知识的增长，对新的环境渐渐有了熟悉感，也开始与新文化中的人进行交往。在这一层次,新来者最大的特点是开始有对自己所遇到的文化差异和文化冲突进行冷静处理、理性思考的能力,而且产生主动了解和想适应的要求。

第四个层次:要具有主动了解和自觉适应的态度。随着对新的环境和跨文化交际的认识和适应,新来者逐渐透过"文化冰山"的阻隔,从之前只注重表面和孤立的文化,转变为深入观察和了解文化的深层含义、了解新的文化特征。其中,新的文化特征主要包括新的民族特色和社会情况、人们的思维方式和价值观、生活习惯和交际行为,新来者正是基于对这些文化特征的认识,才愿意且自觉地提高对这些文化的认识,才能逐渐地承认和接受文化差异。此时,跨文化交际者才将跨文化意识提到一个更高的层次。具体来说,如果新来者愿意做出某些方面的改变,以适应新的文化交际对象和新的文化环境,那就说明其已经达到了初步适应文化水平的能力。

2. 增强跨文化意识的过程

借鉴西方的理论成果,同时结合本国人的实际,我们可以将跨文化意识的过程进行以下简单描述。

(1)尊重新文化并乐于与新文化的人交往。

(2)积极参与新文化和/或与新文化的人交往。

(3)理解新文化的现象与交际行为,并相信这些现象是合理的,是有其文化渊源的。

(4)愿意调整自己的认识与行为,开始理解并主动适应新的交际环境或文化环境。

(5)达到适应新文化的交际行为和新文化环境的水平。

二、跨文化交际能力

(一)跨文化交际能力的含义

跨文化交际能力指的是在一个多元文化和国际化的环境中

生存和发展，能够成功地进行跨文化交际的能力。关于跨文化交际能力的定义，不同的学者有着不同的看法，但通常都会用“有效性”和“适当性”来定义跨文化交际能力。

有学者认为：“跨文化交际能力指的是交际者在特定语境下所表现出来的适当和有效的行为。”①该定义表明了跨文化交际能力的适当性和有效性同具体的语境有关，跨文化交往中的得体性要由交际双方根据具体语境去协调和构建。

高一虹(2000)认为：“跨文化交际能力指的是进行成功的跨文化交际所需要的能力或素质。”②毕继万(1998)指出：“跨文化交际能力是语言能力、非语言能力、跨文化理解能力和跨文化交际适应能力等方面的综合能力。”③陈俊森、樊葳葳、钟华(2006)提出：“跨文化交际能力强调与不同文化背景的人们进行有效的、适宜的交际的能力。”④交际是为达到某一明确目标所进行的活动，跨文化交际能力是由交际的有效结果或目标实现的“功效”来定义的。

学者们从不同角度对跨文化交际能力所做的界定各有不同，但共性依然存在，即交际场景的跨文化性、交际行为的得体有效性。来自不同文化背景的交际者对行为模式、行为规范、社会角色有着不同的认识，其对交际对象在特定场景中的交际行为得体性的判断和行为表现期待均有不同，如果对方交际行为与自身行为规范不相符合，就会产生厌恶、不满的情绪，而交际知识与技能的缺乏和负面情绪的影响就会导致跨文化交际的失败。

跨文化交际能力要求学习者超越本族语和目的语及其相应的具体文化的束缚，深入了解和理解不同文化所具有的思维方式

---

① 肖仕琼．跨文化视域下的外语教学[M]．广州：暨南大学出版社，2010：11-18.

② 高一虹．语言文化差异的认识与超越[M]．北京：外语教学与研究出版社，2000：21.

③ 毕继万．跨文化交际研究与第二语言教学[J]．语言教学与研究，1998，(1)：71-73.

④ 陈俊森，樊葳葳，钟华．跨文化交际与外语教育[M]．武汉：华中科技大学出版社，2006：18.

和生活方式方面的异同，努力拓宽视野，尽力培养灵活的、能够适应多种不同社会文化环境的交际能力。跨文化交际能力的很多内容与外语教学密切相关，可以而且必须在外语教学中得以培养和发展。

(二)跨文化交际能力要素及其关系

关于跨文化交际能力的要素，学者们的意见始终不统一。有学者认为，跨文化交际能力包含如下内容。

(1)能对他人保持尊敬和积极的态度。

(2)能以描述的方式对待别人，不对他人进行评判。

(3)能明确认识人与人之间在感知、知识、情感、见解等方面的自然差异。

(4)能换位思考问题。

(5)能灵活自如地应对不同情景。

(6)能对对方的需求做出准确判断并与之恰当互动。

(7)能从容应对并迅速适应环境的变化。

Kim(1991)认为，跨文化交际能力是人们在任何特定文化中应付各种跨文化交际情景的内在能力，这一能力的核心是适应能力。[①] 跨文化交际能力在认知方面体现为头脑的开放性、对事物复杂性和多样性的认识以及视野和角度的变换能力等；在情感方面的体现主要包括移情能力、对不确定性的容忍度以及能够克服偏见与民族中心主义等；在行为方面的体现包括处理交际问题、建立和维持相互关系以及完成交际任务的能力等。无论是认知、情感还是行为方面的适应能力，都要通过语言的使用来体现。

贾玉新(1997)在讨论跨文化交际能力构成时，除了 Kim 所提出的那些方面，还加上了语用能力、情节能力(episodic competence)和策略能力(strategic competence)。[②] 他所说的情节能力实际上就是在

---

① 转引自王景明．跨文化交际能力在大学英语教学中的培养[J]．科教文汇(上旬刊)，2015，(8)：162.

② 贾玉新．跨文化交际学[M]．上海：上海外语教育出版社，1997：7.

不同情景中恰如其分地与人进行交际的能力，与斯温等人所说的社会语言能力及语篇能力大致相同。贾玉新之所以要增加这些方面的能力，是因为他认识到“有效交际的实现离不开它们”。

三、大学生跨文化意识与能力培养的途径

(一)提升教师自身的文化修养

我国的高等教育对培养学生跨文化交际意识和能力的研究与教学起步较晚，发展较为缓慢。教师作为教学的主导，其教学观念直接影响着教学的方式、内容和成效。教师如果自身文化素养不够高，就很难在课堂上很好地对学生进行跨文化意识与能力的培养。我国大学英语教学中跨文化交际意识与能力培养的一个重要问题就是受教师观念及自身素质的制约。我国很多从事大学英语教学的教师缺乏海外留学经验，这使得他们无法生动形象地讲授英语国家的风俗文化和文化差异的各种现象，无法更好地进行言传身教。

为了迎合新时期大学生跨文化交际意识与能力的培养需求，可以开辟多种路径，如给教师提供出国工作和学习的机会，鼓励他们去国外进修学习。同时，教师自身要持续学习，具备鲜明的跨文化交际意识，不仅要了解不同文化之间的区别，还要了解这种区别背后的深层原因，这样才能更好地传授学生文化知识，帮助学生形成正确的跨文化交际观念。此外，高校可以邀请国外相关方面的专家或教师进行交换学习或开展讲座等，还可以适时引进外籍优秀教师和学者，提升国内教师整体跨文化水平。总之，只有教师具备丰富的跨文化知识和交际经验，才能更有效地培养学生的跨文化意识，增强学生跨文化交际能力。

(二)加强学生对跨文化知识的学习

不同民族有其自身独特的语言，这些语言都是民族文化特色

的重要组成内容。在英语学习过程中,教师要引导学生正确认识语言与文化之间的关系,并正视不同文化之间存在的客观差异,从观念上进行思维转换,帮助学生形成更加完善的认知。只有这样,学生才能消除语言学习中因文化差异而引起的不必要的误读,加深对英语学习的理解与掌握。在具体的教学过程中,教师要从不同层面出发,如词汇、句法、语用、思维等,对中西方语言与文化进行科学对比,提高学生跨文化交际意识和能力。下面就具体介绍英汉语言与文化之间存在的诸多差异,以便师生参考和学习。

1. 英汉语言词汇差异

(1)构词差异。在构词方面,词缀法、复合法都是英汉语言重要的构词方法,这里重点对这两种方法进行介绍。

词缀法就是在词根上加上前缀或后缀构成另一个与原义稍有不同或截然相反的词。

汉语中的词缀较为简单,主要有下面三种形式。

第一种是前缀,即词缀+词根,如“老虎”“小张”。

第二种是后缀,即词根+词缀,如“瘦子”“桌子”。

第三种是叠音后缀,即词根+叠音词缀,如“红彤彤”“暖洋洋”。

与汉语相比,词缀法是英语构词法的核心,由词缀构成的词汇数量非常庞大。这里主要介绍下英语词缀中的前缀和后缀。

英语前缀通常不会改变词性,仅改变词义。

表示否定意义的前缀,如下几种前缀均表示“不”。

un-,如 unhappy(不高兴的)。

dis-,如 disagree(不同意)。

in-/im-,如 incorrect(不正确的)。

ir-,用于以 r 开头的单词,如 irregular(不规则的)。

il-,用于以 l 开头的单词,如 illegal(不合法的)。

mis-,如 misuse(错用)。

non-,如 non-smoker(非吸烟者)。

表示其他意义的前缀列举如下。

re-表示“再；又；重”，如 rewrite（重写）。

a-表示“的”，可以构成表语形容词，如 alone（单独的），alike（相像的）。

tele-表示“远程的”，如 telephone（电话）。

en-表示“使”，如 enlarge（扩大）。

inter-表示“关系”，如 Internet（因特网）。

与前缀不同，英语中的后缀通常会改变词性，构成意思相近的其他词性的词。此外，少数英语后缀能改变词义。

动词后缀列举如下。

-fy，如 beauty→beautify（美化）。

-en，如 sharp→sharpen（削）。

形容词后缀列举如下。

-ly，如 year→yearly（每年的）。

-en，如 wood→wooden（木制的）。

-ful，如 care→careful（小心的）。

-less，如 use→useless（无用的）。

-ous，如 fame→famous（著名的）。

-ish，如 self→selfish（自私的）。

-ive，如 collect→collective（集体的）。

副词后缀列举如下。

-ward 表示“方向”，如 eastward（向东）。

名词后缀列举如下。

-th，如 long→length（长度）。

-ist，如 science→scientist（科学家）。

-ment，如 moves→movement（运动）。

-ness，如 busy→business（事务）。

-tion，如 dictate→dictation（听写）。

-er，如 buy→buyer（买主）。

-or，如 sail→sailor（海员）。

复合法简单来说就是将两个或者多个独立的词语连接在一

起组成新词的方法。英汉语复合法的区别在于汉语由语素构成，构词不仅是从词性上来分类，更重要的是从语素之间的关系来分类，即动宾关系、主谓关系、动补关系、偏正关系等。相比之下，复合法是英语构词的主要方式之一。具体来说，英语复合词可以分为复合名词、复合动词、复合形容词。

复合名词是英语中最常见的复合词。复合名词的构成形式有以下几类。

①动词＋名词。例如：

chops＋sticks＝chopsticks(筷子)

②名词＋动词。例如：

heart＋beat＝heartbeat(伤心)

day＋break＝daybreak(黎明)

snow＋fall＝snowfall(降雪)

hair＋cut＝haircut(理发)

③名词＋名词。例如：

boy＋friend＝boyfriend(男朋友)

north＋east＝northeast(东北)

foot＋ball＝football(足球)

post＋card＝postcard(明信片)

④形容词＋名词。例如：

black＋board＝blackboard(黑板)

dead＋line＝deadline(截止日期)

high＋way＝highway(高速公路)

⑤副词＋名词。例如：

off＋chance＝off chance(不容易有的机会)

over＋due＝overdue(逾期)

on＋line＝online(在线)

⑥动词＋副词。例如：

take＋over＝takeover(接管)

⑦副词＋动词。例如：

out＋put＝output(输出)

in＋take＝intake(摄入)

⑧介词＋名词。例如：

after＋noon＝afternoon(下午)

by＋product＝by-product(副产品)

⑨-ing＋名词。例如：

cleaning lady(清洁女工)

parking meter(停车计时器)

washing machine(洗衣机)

复合动词一般是在复合名词和复合形容词的基础上,通过词类转化法或逆生法而构成的。此外,副词与动词可以构成复合动词。例如：

out＋go＝outgo(比……走得远)

under＋go＝undergo(经历)

under＋write＝underwrite(承担)

复合形容词的后半部分主要包括名词、形容词、副词以及具有形容词性质的-ing 分词或-ed 分词。例如：

bullet＋proof＝bulletproof(防弹的)

duty＋free＝duty-free(免税的)

green＋blind＝green-blind(绿色色盲的)

ever＋green＝evergreen(常绿的;永葆青春的)

关于英语复合词的词性,通常可以通过以下三种方法确定。

第一,如果两个词词性相同,那么它们构成的复合词的词性也不变。例如：

news(名词)＋paper(名词)＝newspaper(名词)

上面两个原有单词都是名词,合成的 newspaper 也是名词。

第二,如果词语词性不同,那么它们构成的复合词词性与最后一个词相同。例如：

water(名词)＋proof(形容词)＝waterproof(形容词)

white(形容词)＋wash(动词)＝whitewash(动词)

第三,如果是介词和其他词合成,那么构成的复合词其词性归属其他词。例如:

under(介词)＋take(动词)＝undertake(动词)

(2)词汇文化内涵差异。我们在第四章中对词汇教学中的文化差异已进行过介绍,这里再对词汇的文化内涵进行具体说明,供学生学习参考。对中国学生来说,其在学习英语词汇时,往往喜欢把一些单词与汉语词汇进行联系,以便记忆。实际上,语言也属于一种特殊的文化,是文化的重要写照。我们在运用某个单词时,不能仅仅注意其表面的意思,还要从跨文化的角度进行深层次揣摩,如此才能准确理解词汇所表达的内涵。

以红色为例,在西方,red 除了代表本义外,大多含有贬义含义,如人们看到红色会联想到流血、危险等,因此西方人大多认为红色是不吉利的。相反,中国红是中国文化的象征颜色,红色承载着中国人的历史记忆,是中国人的文化图腾。在民间,红色是一种吉祥喜庆的象征,代表着红红火火的中国年。可见,中西方人对红色的联想截然不同,红色在英汉语中有着不同的联想意义。正因如此,英国学者霍克斯(Hawkes)在翻译《红楼梦》这部古典著作的时候,考虑到文化之间的差异性,没有将书名直接译为 *A dream of Red Mansions*,而是译为 *The Story of the Stone*(《石头记》),这就使得西方读者很容易接受,不再认为《红楼梦》是不吉利的,继而开始欣赏这部经典著作。

2. 英汉语言句法差异

英汉语言在句法层面也存在诸多差异,这里重点介绍下面两点。

(1)句子语态差异。英语句子有很明显的物称倾向,常常选择不能施行动作或无生命事物的词语作主语,特别是理论性或信息性的问题表达中更习惯采用被动语态。

从语法结构上说,英语中存在十多种被动语态,并且时态不同，其被动语态结构也存在差异，如一般现在时被动语态、一般过去时被动语态等。当然，不同的被动语态其所代表的意义也必然不同。例如：

English is spoken by many people in the world.

世界上有许多人说英语。

Apple trees were planted on the hill last year.

去年山上种了很多苹果树。

AI technology will be used in the future.

将来会用到人工智能技术。

通过分析不难发现，第一个句子为一般现在时态，其被动语态表达的是现在的情况；第二个句子为一般过去时态，其被动语态表达的也是过去的情况；第三个句子为一般将来时态，其被动语态表达的也是将来的情况。

与西方人不同，中国人做事通常侧重动作执行者的作用，体现在语言层面，就是习惯人称化的表达，常用主动语态，以陈述清楚动作的执行者。虽然汉语中也存在被动语态，但其主要用来表达不希望、不如意的事情。受文化差异的影响，汉语中的被动语态往往比较生硬。例如：

饭吃了吗？

病被治好了吗？

显然，上述两句话虽然使用了被动语态表达，但是显得非常别扭，甚至很难读，因此应改为：

你吃饭了吗？

医生治好了你的病了吗？

这样修改为主动句式之后，句子就显得流畅许多。

此外，如果无法确定动作执行者，中国人也往往会使用“有人”“大家”“人们”等泛称词语替代。当然，如果没有泛称词语，也可以采用无人称，即所谓的“无主句”。例如：

下雨了。

快走！

(2)句子重心差异。在句子重心方面,英语句子一般重心在前,而汉语句子与之相反,即重心在后。也就是说,英语句子一般将重要信息、主要部分置于主句之中,位于句首;而汉语句子一般将重要信息、主要部分置于句尾,次要信息、次要部分置于句首。

例如,有这样一个传说,清朝末期,湘军头领曾国藩围剿太平军的时候,接连失败,甚至有一次差点丢了性命。于是,他向朝廷报告战事时说:"屡战屡败",翻译成英语即为"He was repeatedly defeated though he fought over and over again."但是他的军师看到后,立即将其改为"屡败屡战",即"He fought over and over again though he was repeatedly defeated."

从字面上来看,这两句话中用了同样的词,只是更改了语序,但是含义大相径庭。"屡战屡败"说明曾国藩一直失败,丧失信心,只能如实向朝廷奏报,甘愿领罚;而"屡败屡战"说明曾国藩是一个效忠朝廷、忠肝义胆的汉子,虽然遭受了多次失败,但是仍不气馁,应该受到朝廷的褒奖。显然,从汉语层面来说,前一句的重心在于"败",后一句的重心在于"战"。而且,正是由于军师巧妙的更改,不仅保全了曾国藩的面子,也救了他的命。因此,在翻译成英语时,也需要注意重心的问题,即"屡战屡败"重心在于 he was defeated,而"屡败屡战"重心在于 he fought。

3. 英汉语言运用差异

跨文化交际之所以会出现许多问题,大多是由于中西方的文化差异直接引起了语用上的差异。这里重点介绍中西方社交语用方面的差异,主要涉及以下几个方面。

(1)寒暄方面。中国人在见面时常常会询问对方"去哪里啊,吃了吗,最近怎么样"之类的问候用语,在中国人看来,这些话语能够拉近彼此之间的距离,还能表示对对方的关心。但是对于西方人来说,这种情况很难理解,甚至还会感到愤怒。这是因为西方人对隐私非常看重,人们通常不会讨论个人的年龄、收入、家庭情况、住址、信仰等问题,相反他们通常会谈论天气。可见,初次与西方人见面时，不要按照中国人的思维习惯，贸然询问隐私方面的问题。

(2)客套方面。在表达客套上，中国人一般很注重形式，讲究礼仪，重视表象；而西方人多是直线型思维，讲求效率和价值，没有过多的繁文缛节。

这里我们以打电话为例进行说明。中国人在打电话时常常用下面的话作为开头：

“请问您是谁?”

“喂，您好。麻烦您请××接电话。”

而西方人在打电话时通常是以下面的方式开头：

“Is that ×× speaking?”

“Could I speak to ×× please?”

此外，西方人在接电话时通常先说明自己的身份或号码。例如：

“Hello，704856395.”

“Hello，this is Tom. Could I speak to John，please?”

(3)称赞方面。称赞是一种对他人品质、能力、仪表等的褒奖言行，恰当的称赞可以鼓励他人、缓解矛盾、缓和人际关系等。美国人对 nice，good，beautiful，pretty，great 等形容词的使用比较多，最常用的动词有 like，love 等。对称赞的反应，英美人一般表示感谢，也就是正面接受称赞，不过并非全接受，有时也有拒绝的情况出现。英美人拒绝称赞并非因为谦虚，而只是出于观点不同的直接表达。中国人与英美人不同，一般不会爽快地以迎合的方式去接受对方的称赞或恭维，而是习惯使用“自贬”的方式来对待他人的赞美，如“过奖”“哪里，哪里”。

(4)答谢方面。别人对我们表达感谢时，出于礼貌，我们通常需要答谢，以维持良好的人际关系。在答谢方面，中西方也体现出明显的差异。中国人在答谢时往往会说“不用客气”“别这么说”“这是我应该做的”等，以表示谦虚。但如果与西方人交往时回答“It's my duty.”就违背了交际的初衷，因为“It's my duty.”

的意思为“这是我的职责所在”，是不得不做的。

此外，中国社会推崇“施恩不求报”的美德，因此人们在答谢时往往推脱不受，对受惠者给予的物质回馈或金钱奖励也常常当场拒绝，实在无法拒绝而收下时也会说“恭敬不如从命”。

西方人对待别人感谢之辞的态度与中国人有很大的不同，他们常常会说“Not at all.”“It's my pleasure.”“Don't mention it.”或“You're welcome.”等。在收到物质回馈或金钱奖励时也往往高兴地接受，他们认为这是对自己善举的肯定和尊重。

(5)迎客方面。中国自古以来都是礼仪之邦，因此非常重视礼仪。当有尊贵的客人来访时，主人通常会出门远迎，在见面时会采用握手礼或拱手礼。在一些较为庄重的场合甚至要行鞠躬礼。汉语中问候语也有很多。例如：

“欢迎！欢迎！”

“别来无恙？”

“您的到来令敝舍蓬荜生辉。”

“与您见面真是三生有幸！”

西方人除了在外交场合会出门远迎客人，在一般的场合都没有这种习惯。此外，西方人多采用握手礼，在一些庄重的场合还要行拥抱礼或吻颊礼。问候语则通常是“How are you?”或“Glad to see you again.”等。

(6)道别方面。在道别时，中国人常常会远送，客人和主人互说些叮嘱的话，最后客人通常会说“请留步”，主人说“走好”“慢走”“再来”等。“送君千里，终须一别”就表达了主人与客人间依依惜别的情形。而西方人在道别时并不会如此注重形式，双方示意一笑或做个再见的手势或说“Bye!”“See you later!”“Take care!”即可。

此外，英语国家的人在道别时很注意对双方接触的评价，以表达愉快相会的心情。中国人道别时一般不会对当前的接触进行评价，而是注重相互表达关切之情。中国人常说的“有空常来呀”这类话没有给出明确的时间，大多时候表示的仅仅是一种客套。

而西方人的再次邀请都是出于真实想法,时间也通常是明确的。

4. 中西方价值观念差异

中西方在价值观方面存在诸多差异,这里主要从以下几个方面进行说明。

(1)天人合一与天人二分。中国人在传统汉文化的熏陶下,形成了天人合一的审美趋向,倡导个人与自然融为一体。我国古代很多哲学家都强调天人合一观,如老子、庄子等,他们提倡在审美中应该张扬人与自然的天性,一切都应该顺其自然,不可人为强制。这种天人合一的精神延续了数千年,可以说是中国传统文化的精髓。中国人往往认为,人与自然是一体的,因此人类要懂得欣赏大自然,不仅如此,还要将自身融入自然,实现人与自然以及人与社会的和谐。这也是中国人格外偏爱体物寓兴、寄情于物的根源所在。

西方文化的根本是主客二分,西方人强调要尊重个体,认为人是独立个体的存在,除人之外的外在世界都是人这一主体的对象,是客体。人作为主体,除了必须分离自然,还要对客体进行客观、冷静的观察、思考、研究乃至分析。西方文化在审美上注重对自然的模仿,将文化的本质视为对自然的一种模仿。例如,希腊作为西方文化的发源地之一,其最突出的文化表现形式是雕刻与叙事诗,这就是西方人审美标准的最直接的外在体现,因为雕刻与叙事诗是一种典型的写实风格,所以很好地体现了主客二分的审美模式。

(2)和谐观念与竞争观念。中国是农业大国,表现出明显的“重农主义”,将农业视为立国之本。在中国传统思想中,十分提倡重农轻商、重本轻末。孟子说:“百商之切,勿夺其时,数口之家可以无饥矣。”

在中国古代社会,商人往往被人轻视,这是一种普遍现象,当时社会中流传的一个说法是“士、农、工、商”,从这一排序中就可以明显地看出商人的地位,“商”处于最末。

中国古代社会形成重农思想的根源，主要在于古代人以农耕为主，依据河流而生，通过农业解决温饱问题，长期处于一种自然的经济状态中，因而逐渐形成重农主义思想也是顺理成章的。

与个人主义强调的竞争意识相比较而言，重农主义十分注重天时地利人和，提倡合作精神、协调关系。例如，“远亲不如近邻”“家和万事兴”等都是对和睦、和谐的推崇与追求。

从社会发展历史可以看出，西方社会所表现出的典型特点是“重商主义”。美国著名学者罗宾逊认为，美国社会的商业文明在1776年美国独立时就已经形成。

商业文明十分推崇个人的奋斗精神。在西方社会，“权力、地位、声望、金钱”都不是天生就有的，并不能简单地通过继承遗产或者高贵的血统来获取。个人想要获取财富、地位，实现自己的理想，只有通过自己的努力和奋斗才能实现。在这种思想的影响下，西方逐渐形成了个人主义的精神。

西方人认为，作为社会中的一分子，个人应通过竞争和自己的努力来获取资本以及各种机会，人应该勇于面对和接受各种挑战，将自己放在与他人竞争的同等位置，从而充分激发自身的潜力以及战斗力，通过行动来追求速度、结果、效率。西方人非常推崇达尔文所提出的进化论思想，“物竞天择”是西方人的人生信条之一。

(3)重义轻利与重利轻义。中国人受儒家文化的深刻影响，形成了重义轻利的观念。在义与利的关系上，儒家学说提倡“义以为上”，要求把群体的利益置于个人利益之上，突出“义”的普遍性和绝对化，反对唯利是图，力图通过这一观念来解决个人与社会的矛盾，避免由于利益的冲突产生个人与社会的对立。在这种精神的影响下，中国历史上出现了很多舍生取义的民族英雄，他们为了国家和民族的利益不惜牺牲自己。一方面，中国传统文化中的重义轻利观念对维护社会的稳定起到了很大作用；另一方面，过度鄙视和看淡个人利益，否定对物质的合理追求，并不利于人的全面发展，也在一定程度上压制了人们的进取意识，对社会发展造成了一定的负面影响。

西方人崇尚个人主义，主张个人的生存与发展都依赖自己，每个人都要对自己的行为负责。在西方家庭中，成员通常是自由的，个人对家庭的责任被大大淡化，而且家庭成员之间的财产分属十分明确。在人与人之间的关系方面，西方文化强调平等与自由，人们爱人如爱己，而当矛盾发展成为激烈的冲突时，人们往往诉诸法律。可以说，西方人具有十分强烈的法律意识，早在古希腊时代，人们就提出了“社会契约”的观点，将法律视为调节人与社会、人与人冲突的重要杠杆。一方面，西方文化讲求人人平等、自由，注重个人的人格与尊严，这无疑能促进人们内在潜能的开发，也是推动社会整体进步的不可或缺的思想动力；另一方面，过于个体本位必然会淡化亲情关系，导致人际关系的冷漠，而松散的家庭结构不利于整个社会的稳定与和谐发展，不利于向心力的加强，也不利于形成强大的民族凝聚力。

5. 中西方思维模式差异

在思维模式方面，很多学者都用直线型来形容西方人的思维，认为这种思维主要受古希腊、古罗马的传统影响。相比之下，中国受儒家、道家思想的深刻影响，更加强调螺旋型思维。

具体来说，中国汉字易于勾起人们对现实世界里事物形象的想象或联想，因此这种意象化语言的长期运用，使得中国人的思维路线呈螺旋型，具有较强的立体感和间接性。

首先，这种思维过程常常表现为重复性的深化阐述，这样做或是为了强调，或是因为问题复杂，仅靠一轮论证还不足以厘清概念、阐明问题，所以需要再来一轮阐述；但这种重复并非在原有基础上的简单重复，而是更进一步、在更高层次上进行的思索与论述，是螺旋型上升式思考。

其次，中国人的思维具有明显的间接性或者迂回性，即思考问题时喜欢拐弯抹角。在不便明说或难以启齿，或在和陌生人尤其是有重大利害关系的人打交道时，他们经常采取迂回的方式，或朝着目标绕道而行，或拐弯抹角地暗示主题或意图。中国人撰写的文章往往是以笼统、概括的陈述开头，各个段落里常含有似乎与文章其他部分无关的信息。在交际中，中国人相对比较内敛、含蓄、隐忍，处世态度中庸。

西方人在思维中长期采用线型连接和排列的文字符号，这使他们的思维路线呈直线型，具有较强的直接性。这一思维方式会映射在写作、交际等方面，所以西方人写文章时喜欢直奔主题，在日常交际中显得较为直接、外露、开放。自柏拉图以来，西方人就十分重视雄辩术，喜欢争论，遇到问题总要争个黑白，因此世界有史以来的著名演说家也多为西方人。

(三)充分利用课堂教学

课堂是学生学习英语语言与文化知识的主要场所，因此教师应高效利用课堂时间展开教学。具体来说，教师需要在以下两个方面格外注意。

1. 重视课前预习

在课堂教学正式开始前进行预习是非常重要的。教师可以要求学生在课前通过各种途径查询与教材内容相关的文化背景知识，并在课程讲授前与学生展开分析与探讨。例如，《新视野大学英语》第三版第一册中的翻译练习部分是关于西方国家的Christmas 和中国 The Mid-Autumn Festival 两个节日的。在课堂开始前，教师可以要求学生提前查阅与这两个节日有关的资料，除此之外还可以进行延伸阅读，了解中西方其他重要节日的异同之处。这样通过收集和查阅资料，学生已经对中西方节日文化的相关知识有了大致了解，在教师正式讲授时会更顺利地理解教材内容，吸收教材知识。

2. 重视课堂讨论

讨论能够活跃课堂气氛，还能调动学生的积极性，启发学生的思辨能力。因此,教师要多组织课堂讨论活动。例如,教师可以让学生就收集的资料进行课堂分享,学生由于提前进行了查询工作,分享时就会更加自信,尤其是对于语言基础较差或性格较为内向的学生来说,分享可以使他们受到鼓舞,树立学习英语的自信心。此外,由于学生收集资料的途径不尽相同,分享发言的角度也有所不同,因此学生可以互相学习、取长补短、共同进步。

(四)努力创设第二课堂

课堂时间毕竟有限,学生难以得到充分的交际训练,因此不能仅仅依靠课堂教学培养学生的跨文化交际意识与能力。对教师来说,应有效利用课外时间,努力创设第二课堂,组织各种课外活动,营造一个自然的英语学习环境。教师可以结合具体教学情况,组织与跨文化交际主题相关的实践活动,如学习沙龙、英语角、英语辩论赛、英语演讲比赛、英语话剧表演等。这一方面可以激发学生对英语学习的兴趣,另一方面学生通过参与这些活动,可以得到训练,提高跨文化交际能力。此外,教师可以鼓励学生阅读优秀的英语国家文学作品,或欣赏反映中西方文化差异的优秀影视作品,在阅读和欣赏中学习文化知识,提升文化素养。

第三节　大学生跨文化非语言交际能力的培养

一、影响大学生跨文化交际的主要非语言交际因素

非语言交际是指运用各种非语言信息符号进行的人际交往,其与“语言交际”共同构成了交际的两个层面,在人际交往中发挥着重要作用。美国著名人类学家霍尔(Hall,1995)在《无声的语言》一书中指出:“无声语言所显示的意义要比有声语言多得多,而且深刻得多。因为有声语言往往要把表达意思的大部分甚至

绝大部分隐藏起来。”①然而，在现实社会中，人们对非语言交际并没有给予足够的重视，一般仅是下意识或潜意识地运用或者解释它，这就造成很多不必要的误解与隔膜。因此，非语言交际也是跨文化交际研究中的一个重要内容。

非语言交际包括非语言行为和非语言手段，主要包括体态语、副语言、客体语、环境语等类型。其中，体态语和副语言属于非语言行为，客体语和环境语属于非语言手段。可见，非语言交际内容丰富，形式多样。对我国大学生来说，在跨文化交际实践中影响最大、最易形成交际障碍的是不同文化的时间观、空间观、肢体语言等的差异。

(一)中西方时间观差异

时间在人们的日常生活中起着重要作用，不同文化背景中的人对时间文化取向及守时、时限等概念的态度存在很大差别。

1. 多时制文化与单时制文化

霍尔(1977)认为，英语国家属于单时制文化，东方国家属于多时制文化。

多时制文化整体表现为同一时间做多项工作，并且工作易受干扰，时间承诺只是一个理想目标，可以轻易地改变计划。而单时制文化整体表现为一次只做一件事，并且做事专心致志，认真履行时间承诺，遵守计划。

具体来说，在守时方面，英美人非常看重时间，注重守时，工作和日常活动往往都有精确的日程表，超过 5～10 分钟就算迟到。而其他一些国家，如阿拉伯人迟到的标准是半小时。

在时限方面，英美人讲究效率，做事喜欢开门见山。为了合理利用自己的时间，西方人在开始做事之前往往会进行细致、周密的规划，以保证事情的顺利完成。东方人做事则更重感情和人

① Hall Edward T. *The Silent Language*[M]. New York：Anchor Books，1959：20.

情，注重人际关系的维持。

在对早到的态度方面，中西方也存在差异。例如，英美外籍教师邀请中国学生到家中进餐，中国学生往往会出于好意，提前很长时间甚至一两个小时来看是否需要帮忙。而外籍教师认为这打乱了他的计划，给他增添了不必要的麻烦。

2.“过去”时间观与“将来”时间观

中国有灿烂、悠久的历史文化，每一个中国人都不能忘本，不能遗忘历史，每一个炎黄子孙都应该以中国数千年的文明为傲，忘记历史就是一种“忘本”的表现，在这种思想的深刻影响下，中国人牢记过去的仁义道德，用过去的标准来评判现代人的行为，如“前所未有”“闻所未闻”等。

当然，虽然现代社会中的中国人不再特别看重过去的历史，而是将心思放在未来的发展上，但不可否认，“过去”时间观念依然存在于中国人的内心深处。

与中国相比，美国的古代历史相对较短，仅有二百多年，欧洲大陆的人来到美洲大陆之后定居于此，在之后的岁月中深刻地改变了这块大陆的面貌，在发展过程中，其形成了自己独特的文化习俗。由于美洲大陆的居民最初来自欧洲，因此所形成的美洲文化与欧洲文化在根源上具有一致性。美洲文化与传统欧洲文化存在一定差异，是对欧洲文化的一种改良。

在美洲大陆所形成的文化体系主要表现为独立和自主，认为每一个人都应该通过自己的努力实现自己的目标与理想，因为社会是平等的。西方人认为时间一去不复返，是不能倒流的，所以人们不会抓住过去的事情不松手，而是更多地将精力放在未来，提倡享受生活。由此，西方人认为时间就是金钱，是十分宝贵的，因而在现实生活中每一个人都争分夺秒，不舍得浪费自己的宝贵时间。

（二）中西方空间观差异

所谓空间观念，就是人们在历史发展过程中所形成的、与交际距离以及空间距离有关的一种约定俗成的规则，还包括人们在交往过程中所具有的领地意识。①

霍尔经过研究认为，在人际交往中，人与人总是有意或无意地保持着个人与他人或与周围环境的距离，就个体来说，其空间需求大体上可分为以下几种距离，如表 7-1 所示。

表 7-1　人际交往中的距离

距离范围	所代表的人际关系	具体社交表现
5 厘米以内	亲密距离	低声私语，谈论绝密之事，如谈情说爱。
45～120 厘米	个人接触距离	这是在进行非正式的个人交谈时最常保持的距离。和人谈话时，不可站得太近，一般保持在 50 厘米以外为宜，如朋友谈心。
120～360 厘米	社交距离	一般在工作环境和社交聚会上，人们都保持这种程度的距离，它体现出一种社交性或礼节上的较正式关系。例如，在社交场合人们握手之后进行寒暄时的距离。
360～760 厘米	公共距离	彼此极为生硬的交谈及非正式的场合，一般是个人在正式场合对一组人讲话的距离，如发表演说、讲课等。
760 厘米以上	远距离	远距离交际除有时大声喊叫外，多数均采用特殊手段，如用扬声器、打手势、打旗语等。

（资料来源：田俊，2009）

不同文化在空间观念方面存在明显差异，主要体现在领地意识与空间取向两个层面。

1. 领地意识差异

受聚拢型文化理念的影响，中国人在日常生活中喜欢与人分

① 闫文培．全球化语境下的中西文化及语言对比[M]．北京：科学出版社，2007：97.

享信息，这意味着中国人在心理上所具有的隐私范围是比较小的。例如，同性朋友经常手拉手或勾肩搭背，以示其亲密的朋友关系。总体来看，中国文化具有接触性文化的特征。

英语文化则属于非接触性文化。在英美等国家，亲密距离一般适用于夫妻、父母与子女或异性恋人之间，同性朋友交往时很少保持这种距离。

2. 空间取向差异

中西方文化在空间取向上具有明显的差异。空间取向指的是交际过程中交际双方所处的方位、位置等。以座位摆放情况为例，中国人在谈判或开会时，往往会面对面就座，尤其是在一些严肃的场合更是如此。在上级批评下级的时候，上级坐着，下级往往隔桌站立。在学校的教室中，桌椅安排都是固定有序的，不会轻易改变，且桌椅基本上采用传统的以教师为中心的摆放模式，教师站得高、离得远，对学生情况一目了然，这也显示出教师的权威。

与上述情况大不相同的是，西方人的座位摆放更具有随意性的特点，他们在开会或谈判的时候往往呈直角就座，如果两个人在同一侧就座，那么意味着这两个人的关系十分密切。另外，西方学校的教室里桌椅的安排不是固定不变的，他们往往会根据教学需要来排放座位，有时直接弃之不用，师生围坐在地板上上课，这营造出一种轻松的教学氛围，也体现了平等的师生关系。

(三)中西方肢体语言差异

肢体语言简单来说就是身体语言，是通过身体的动作来表情达意的一种沟通方式。用肢体语言进行交际，没有固定的法则和明确的符号。肢体语言非常丰富，通常和语言搭配使用，起着加强语气或补充的作用。因此，在交际中，交际者必须了解对方的肢体语言。广义的肢体语言包括身势语、身体接触、眼神交流和表情，因此下面重点介绍中西方在这几个方面的差异。

1. 身势语差异

身势语是文化和交际的重要组成部分，可以说和语言同样重要。在不同的文化中，身势语的意义可能是不同的。中西方身势语差异包含以下两种情形。

(1)动作一样、意义不同。相同的身势语在不同的文化中可能表示不同的意义，如表 7-2 所示。

表 7-2 中西方意义不同的身势语

身势语	英语意义	汉语意义
跺脚	不耐烦	气愤，恼怒，灰心，悔恨
听众和观众鼓掌，表演者或讲话人也鼓掌	为自己鼓掌，被认为不谦虚	谢谢，互相表示友好感情
目不转睛地看	不礼貌，使人发窘，不自在	好奇，有时是惊讶
发“嘘”声	要求安静	反对，责骂，轰赶
拍别人的脑袋	安慰，鼓励，钟爱	疼爱(大人对孩子)，其他情况下会引起别人的反感

(资料来源：吴为善、严慧仙，2009)

(2)意义相同、动作不同。要表示相同的意义，不同的文化可能使用不同的身势语，如表 7-3 所示。

表 7-3 中西方动作不同的身势语

意义	中国的身势语	美国的身势语
叫别人过来	把手伸向被叫人，手心向下，几个手指同时弯曲几次	把手伸向被叫人，手心向上，握拳，食指弯曲几次
吃饱了	一只手或两只手轻轻拍自己的肚子	一只手放在自己的喉头，手指伸开，手心向下
“丢人”“没羞”(开玩笑)	伸出食指，用指尖在自己的脸上轻轻划几下，手指伸直	伸出两只手的食指，手心向下，用一个食指擦另一个食指的背面

(资料来源：吴为善、严慧仙，2009)

总体来说，南欧、中东、拉丁美洲地区的人们讲话时动作较多，幅度也较大；北欧、英美、亚洲的人动作较少，幅度也较小。

2. 身体接触差异

身体接触的原因有很多，大致包括下面几类：第一类是友爱，如亲友分别许久后再次见面时的握手和拥抱；第二类是情爱，如男女恋人的触摸；第三类是社交，如握手和礼仪性质的拥抱；第四类是功能，这种接触通常是职业性的触摸，是冷漠的，不包含个人感情成分。

有的学者认为，文化可以根据不同民族的人的身体接触的多少进行分类，具体可以分为“接触性文化”与“低接触文化”。具体来说，寒冷地区人际关系往往比较冷淡，属于低接触文化，这是因为寒冷地区的人主要关注工作任务的完成，不需要过多的身体接触。相比之下，气候暖和的国家多属于接触性文化，因为气候温和地区的人们常常进行户外活动，相互之间关系较密切，身体的接触也较多。

在中国，异性之间在公开场合身体接触较少，在公开场合很少拥抱和接吻。不过，随着现代社会的不断发展，这种现象有了较大的改变。在西方国家，两个年轻的同性手拉手在街上走路，往往会被认为是同性恋者，异性间同样的行为却被视为很自然。

在接触婴孩方面，中西方文化也表现出明显的差异。在中国，触摸小孩是一种亲昵的举动，可以摸摸孩子的头，也可以抱过来亲吻。但是在西方国家，人们都不随便触摸或亲吻孩子，除非是家庭成员或极为亲密的朋友关系。

3. 眼神交流差异

眼神交流包括多种情形，如看不看对方、什么时候看、看多久、看什么人。注视对方的不同情况取决于相遇的场所。

在亚洲的许多国家，人们认为讲话时眼睛直视对方是不礼貌的，尤其是下级在听上级讲话时，下级往往向下看以表示尊敬。

在西方国家，熟人之间交际时都应注视对方。任何一方不看对方，都可以表示特定的意义，如害怕对方、轻视对方、感到内疚、漠不关心等。在对公众讲话时也要和他们进行眼神交流。听的人一般要注视着说话人的眼睛或脸，表示自己在听。盯着对方看或看得过久都是不合适的。对于陌生人，通常都是目光接触后立即移开，如果迟迟不挪开视线，往往包含着好奇、喜爱、发生兴趣等含义。

4. 表情差异

不同的民族表达感情的方式不同，在面部表情上也有不同的体现。中国人通常喜怒不形于色，西方人的面部表情则较多。不同文化背景的人，面部表情的含义也有所不同。举个最常见的例子，笑表示心情愉快，这对于每个国家的人来说都是如此，但是在微笑方面同样存在细微的民族差异。美国人认为笑总是表示高兴、情绪高昂或者认为某件事很滑稽，日本妇女则会因为慌乱或尴尬而微笑。

二、非语言交际的功能

“虽然我们用声音器官说话，但我们用整个身体来交谈。”[①]这句话说明了非语言交际在人们的日常交际中所起的重要作用。在日常交际中，非语言交际的功能主要包括以下几种。

(1)补充，也就是用来补充语言没有表达出的信息，增添了更多的言外之意，对语言起到修饰和描述的作用。例如，当某个人道歉说“对不起”时，如果只听声音，可能会没有太大触动，但是如果同时看着对方的脸，听着对方说出“对不起”，那么这个道歉所

① 高琰，杜雪梅．高职英语教学中学生非语言交际能力培养策略研究[J]．长春教育学院学报，2015，(6)：119.

体现出的力量会大得多。

(2)重复,即重复语言信息的意义。例如,示意一个人停止讲话时,在嘴里说出“停”的同时,可以做出一只手顶住另一只手的姿势,以此强调暂停。

(3)调节。非语言行为可以作为控制谈话的重要方式,如人们可以通过眼神、点头或摇头、语调变化等来调节或控制交际。

(4)替代。非语言交际不仅具有重复功能,有时还可以直接替代话语,此时人们是使用动作来完成交际的。例如,在会议室里,如果要跟某人互动,可以不用大声呼喊,而是向他摆手,并将手指向见面地点。

(5)否定。非语言交际有时会“出卖”语言,换句话说,有时候人们的非语言行为透露的信息与语言行为并不一致。例如,你告诉别人你很轻松,但是同时你的手在摇晃,声音也在颤抖,这就表明你的内心其实并不轻松。可见,在很多情况下,非语言行为更能反映一个人内心的真实状态。

三、大学生非语言交际能力培养的策略

(一)改变教学思想,提升跨文化非语言交际意识

大学英语教师在教学思想上要认识到:大学英语教学的最终目的在于运用目的语展开交际。在交际过程中,为了避免发生文化冲突,就必须重视非语言交际。因此,大学英语教师需要提升自身的跨文化交际意识,在日常工作中注重研究非语言交际,通过对非语言交际手段、行为的学习,提高自身的非语言表达能力,进而提升交际的效果,使自己的一言一行更为得体。

另外,在大学英语教学中,教师要有目的、有意识地向学生讲述非语言交际的内容。在大学英语课堂教学中,教师要对非语言交际的手段进行灵活处理,并介绍中西方在非语言交际层面的差

异。例如,英语国家的"OK"的手势可以表达成功、一切均好等意思,但是在汉语中并不具备这一含义。同时,在大学英语教学中,教师可以将教材中提及的非语言交际手段运用到口语训练或者生词讲解中,让学生对两种语言的非语言交际行为进行对比与讨论。

(二)恰当运用英文影视、电子教材、网络等现代教学手段

电视、电影等是对非语言交际手段的表情动作、姿态等进行观察与研究的重要手段与材料。例如,英语教学片 *People You Meet* 就是对英国家庭情况的介绍,学生通过观察片段中人物的表情、动作等,对英国家庭的文化知识有所了解与把握。

也就是说,教师在组织学生观看电影、教学片时,应该让学生注意其中的动作与行为,尤其是非语言行为,观察他们在什么情况下、什么时候、对谁运用怎样的手势,并明确其表达的具体含义,之后教师可以设计相关问题让学生解答,如此一来,学生就能够对这些非语言行为有清楚的了解。

(三)创设跨文化交际活动,让学生在实践中加深理解

大学英语教师应该鼓励大学生参与一些跨文化交际活动,让他们对不同文化的差异性有切身感受,通过与不同文化背景下的人们进行交流,习得应变能力,并运用所学的知识对跨文化交际中遇到的非语言交际行为问题进行有效解决。

在不具备目的语环境下,学生能够运用到的最有力资源就是外籍教师,现在很多大学都有外籍教师,他们就是进行非语言交际的活教材。大学生应多和他们进行交流,观察他们在说话时所运用的非语言交际手段与行为,这样才能够不断提升自身的跨文化非语言交际能力。

(四)引导学生运用报纸、杂志等媒介对非语言交际语料进行收集

要提升大学生的跨文化非语言交际能力,除了教师的知识

灌输，学生也需要把握好业余的时间，如可以通过报纸、杂志等，对西方国家的非语言交际知识进行了解，尤其是了解彼此的差异，收集非语言交际的语料，配上语言素材，从而编制成短剧加以表演，这样学生不仅可以加深印象，还可以丰富自己的业余生活。

第八章　跨文化教育背景下大学英语教师专业能力的发展

作为教育活动的直接实施者，教师发挥着十分重要的作用，尤其是在跨文化教育背景下，教师起着非常关键的作用。一名具备跨文化素养的教师，对于学生体验多元文化，认知不同文化的差异性有着直接的影响。如果教师不具备跨文化素养，那么就很难准确把握不同文化之间的差异，也难以以一种平等的姿态与学生进行沟通，甚至与学生之间产生断层。因此，跨文化教育对大学英语教师的要求极高。本章从教师的角色定位、专业素质要求与专业能力的发展途径三个层面来具体研究跨文化教育背景下的大学英语教师。

第一节　跨文化教育背景下大学英语教师的角色定位

随着全球化进程的加快，人们对跨文化教育的认知也不断深化，加上人们对英语地位的关注，使得英语教学逐渐成为教育界研究的焦点。在跨文化教育背景下，英语教学改革不断推进，其中课程与教材是英语教学改革的核心内容，而与学生有着人际互动关系的教师是英语教学改革的关键因素。大学英语教师对英语课程的认知程度与水平，对顺利实施教学活动有着直接的影响。尤其是在跨文化教育背景下，教师面临着重重挑战，能否对自身的角色进行调整，能否紧跟时代的步伐，是新形势下教师需要思考的问题。基于此，本节首先分析传统大学英语教师的角色，然后探讨跨文化教育背景下大学英语教师角色的转变。

一、教师角色及传统大学英语教师的角色

说到角色，人们一般会联想到身份、地位，认为角色是对身份、地位的诠释。每一种社会身份都会伴随着特定的行为规范、行为模式等产生，当某一个体产生了为自己的社会身份所规定的行为时，角色便诞生了，教师也是如此。在当今社会，教师扮演着十分重要的角色，他们以各种方式调动与引导学生参与活动，并且引导学生在自己设定的环境中展开探索。下面具体分析教师的角色及传统大学英语教师的角色。

（一）教师角色

总体来说，教师角色的特点可以归结为自主性、人格化、个体创造性、多样性与发展性五点。

1. 自主性

基于社会分工，教师这一职业得以诞生并延续。因此，教师应该从某种特定的社会要求出发，教书育人。从这方面来说，教师的角色目标是规定性的、统一的。

但是，这并不意味着教师不能自主，教师在从事教育工作的同时，可以依据社会总体要求，对所要达到的目标的路径与方法进行自主的选择。在课堂教学中，教师有对课程、教学方法进行选择的自主权。在课程设计、教学过程、学生管理与评价等层面，教师也享有这种自主权，他人不得干涉。

2. 人格化

教师从事的主要工作是培养人，他们需要根据自身掌握的知识，并且通过自己的道德与人格感染与影响学生。在教育活动

中，教师应该将自己的人格化发展到极致。教师的高尚人格有助于对学生的心灵产生感化与推动的作用。

对于学生的心灵来说，教师的人格是不可替代的一缕阳光。在教育活动中，教师需要以人格为依据，这样才能充分发挥自身的力量。教师的人格对于学生人格的形成与发展有着直接的影响。

可见，教师角色具有明显的人格化，这一特点要求教师关注自己的道德与人格修养，在实际教学中应该将自身的人格魅力发挥出来，这样教育出来的学生才能具有高尚的品格。

3. 个体创造性

教师角色具有明显的个体创造性，这是教师与其他职业不同的地方。具体而言，教师角色的个体创造性主要体现为如下两点。

(1)学生是教师的劳动对象，需要教师的教育与培养。为了促进学生的成长，教师应该对每一位学生有全面的了解，从学生自身的特点与需求出发，对学生进行因材施教。这也体现了当前的个性化教育。

(2)教师的许多行为本身就具有个性化特点。从客观层面上说，在时间与空间上，与同行相比，教师工作往往以个人活动为主，主要根据个人的活动，完成教学任务，促进自身的发展。从主观层面上说，教师所持有的观念是独立的成功观念，强调通过自身的奋斗获取成功。

4. 多样性

教师在不同的空间生活，在不同的舞台扮演不同的角色。很多社会学者研究发现，作为学校成员、社会成员，教师角色往往会发生交错，甚至会出现冲突，但是又呈现和谐共存的局面。

教师作为生活中一般的社会成员，他们享有普通公民所享有的权利与义务，扮演的角色也是学生的导师、公众的模范。

教师作为学校环境中的一员，他们除了扮演教师角色，还会受社会期望因素的影响和制约。因此，教师的角色也是多变的，如纪律执行者、心理保健者、学生的朋友等。

5. 发展性

当今社会，信息技术迅猛发展，知识学习也不再封闭，基于这样的环境与条件，教师需要创新教育、终身学习，才能不断提高自身能力。当然，也正是因为这些理念，教师的责任越来越大，他们需要不断武装自己，紧跟时代的步伐，了解自身的情况，用发展的眼光对自己的角色进行定位，从而更好地引导新时代背景下的学生。

(二)传统大学英语教师的角色

1. 知识的复制者

在传统的大学英语教学中，教师的工作就是将知识原封不动地传授给学生。在传统大学英语教师的眼中，书本知识就是金科玉律，教参就是真理，因此教师会将书本知识作为教授学生的重要依据，往往根据书本编写教案。对教师教学的好坏进行评价的标准主要是教师能否把书本知识传达得到位、准确。显然，基于这样的观念，每一位教师都从书本内容出发开展教学，教师很自然地就成了英语课本的复制者。

传统的大学英语教学为教师配备了一整套教材、教参等，并且为教师设计了教材上要求的每一堂课的活动，甚至对教师说的话都做了明确的规定。教师如同批量生产的工人一般，千篇一律地开展教学，将大纲内容复制给学生。

实际上，教学的过程是一个师生互动的过程。就建构主义学派的观点来说，这一过程是师生对客观事物的意义加以构建的过程，并且是合作性的构建，而不是单纯地对客观知识加以传递。

在大学英语课堂教学中，教材、教参等是重要的资源，师生需要对这些资源进行开发。尤其对教师来说，他们需要对这些资源加以分割与整合，之后才能通过与学生的互动，将固有内容转化成丰富的、可供学生理解与接受的知识。将教材的静态知识转换成动态的资源，将课堂上单一的知识讲解转变成生动的课堂活动，最终目的都在于帮助学生获得知识。就这一角度而言，不仅学生是知识的构建者与参与者，教师更是将自身置于开放的环境中，成为资源的积极构建者。

2. 知识的传授者

在信息技术环境下，很多教师仍旧存在"教书匠"的意识，他们侧重以书本作为经验与教学方式，采用灌输的手段进行教学。一些教师将学生看作被动接受知识的容器，认为教材是学生获取知识的对象，而教师是将这些知识灌输给学生的人。显然，教师充当了一个传话筒的角色，学生充当的是接收器，教学被简单地视作知识的传递过程。这种过于重视知识而忽视具体能力的教学方法，势必会造成教学过程的重复、单一，也会制约教师的创新意识，使教师的教学思想与观念更加保守、陈旧。

在新形势下，信息技术迅猛发展，教师在技术、知识上所具有的权威地位受到了极大的挑战。在新环境下，大学英语教师对于知识传授者的角色是否有新的理解？是否对新的角色进行定位？教师对自身的教学手段、角色观念是否感到不适？教师如何转变自我并适应这一环境？这些问题都说明，教师应更新教学理念，积极转变自身角色。

3. 独白者

就独白式教育现象而言，教师的行为虽然忠于学科，但是背离了教育学生的初衷。教师的工作是为了学生、为了学科与社会，因此他们对这些都应该做到忠诚。这是教师的基本职业道德要求。在传统的教学环境下，教师是课堂教学的控制者以及秩序的维护者。大学英语课堂本应该是一个活泼、生动的课堂，却被上成了枯燥、死板的语法课、翻译课。这种将大学英语课堂视作静态的、完成既定任务的情况，必然使学生处于被动的地位，使学生失去积极参与课堂的自由与权利。教师在课堂这一舞台上扮演独角戏的角色，这样的教学必然会使教师精疲力竭，使学生感到厌倦。

可见，教师的独白很少考虑学生的现有水平与兴趣，教师虽然做到了对学科的忠诚，但实际上这是一种知识专制教育。教师希望将所有的知识传授给学生，使得知识成了教学的中心，学生则处于边缘化的地位。

二、跨文化教育背景下大学英语教师角色的转变

传统的大学英语教师所扮演的角色已经很难满足当今社会发展的需要。在当今这个多元化的社会中，教育是多样的，所以教育活动需要适应不同层次的学生的需求。教师只有具备多元文化教育观，才能与多元文化社会教育相适应。也就是说，教师不再是知识的权威传授者，而是被赋予了新的角色。下面就具体分析跨文化教育背景下大学英语教师角色的转变。

(一)多元文化的驾驭者

教师对多元文化的驾驭能力对大学英语课程的实施有着直接的影响，也对学生的学习情况有着直接的影响。跨文化教育背景下的大学英语教师应该具备多元文化教育观。随着世界逐渐成为一个地球村，文化矛盾是必然存在的，增进不同文化之间的理解显得十分必要。

但是，我们需要破除性别、民族等相关的成见，强调人类是基本相近的这一特征。在大学英语教学中，教师要充分明确这一点。正如班克斯(Banks)所说，教师应该对教材进行谨慎的选择，消除存在各种偏见、歧视等内容的教材；选择一些视听材料、课外书籍，对教材加以补足，增进学生对其他族群的认知与了解；尽量

选择一些观点上保持一致的教材，避免出现使用一些本身存在认知冲突的教材；选择的教材要避免在概念、教学活动中掺杂偏见成分。

（二）本土知识的传授者

教师不仅需要认知与了解其他族群的文化，还需要对本土文化知识有清楚的了解与把握，应该是本土文化知识的专家，挖掘本土文化所蕴含的特色与思维形式。教师是知识的引导者，也是文化的传承者，他们应该以真诚的态度出现在学生面前，将本土文化知识融入自己的课堂中，与学生展开平等的交流。这样可以为大学英语课堂教学提供更为广阔的空间，同时有助于构建和谐的师生关系。

教师要对本土文化知识有敏锐的直觉，注重保护本土文化知识的价值，并且懂得如何对学校所处社区的本土文化知识进行发掘。在大学英语教学过程中，教师应该对学生在本土社会中获取的知识予以尊重，而不是一味地否定或者贬低。教师可以引导学生对本土文化知识与书本知识进行比较，理解各自赖以生存的本土社会间的关系，指导学生将本土文化知识与书本知识紧密融合，从而创造出新的知识体系。

（三）多元文化教育环境的创建者

学校与教室的文化环境对学生的学习也会产生影响。作为一种社会化机构，学校的目标、功能、管理等都属于主流文化，如果教师不知道如何对学校的教学环境进行塑造，那么就很难在家庭、社区、学校之间找到一个平衡点，也很难让学生适应。因此，教师要努力创建多元文化教育环境。具体来说，可以从如下几点着手。

（1）师生之间要构建信任关系。师生间的人际关系会对学生的成绩产生较大影响，教师的偏见容易造成师生之间的隔阂与误解。如果师生之间存在这种隔阂与误解，那么会对学生的自我观念产生负面影响，让学生产生挫败感，甚至使其孤立无援。

(2)教师要努力构建一种积极的家庭式氛围，为学生提供一个尊重与关怀的环境。教师要对学生的文化背景有充分的了解，不断搜寻相关的信息，将其自然地融入教学中。

总之，教师只有充当一名多元文化的创建者，才能对学生所处的文化环境有清楚的了解，对学生的文化价值观有清楚的把握。同时，教师只有从多个角度理解文化，才能为每一位学生创造合适的教学策略与内容。

第二节　跨文化教育背景下大学英语教师专业素质要求

文化教育在大学英语教师素质发展中越来越受到关注，很多学者从跨文化教育的角度出发，对大学英语教师的素质进行考量。在跨文化教育背景下，大学英语教师不再单一地进行知识传授，而是更加注重进行自我理解，即教师对自身在实践中的理解的建构与反思。需要指出的是，大学英语教师素质的发展过程、方向等会对其所处的环境有一定的依赖。因此，从跨文化教育的视角对大学英语教师的素质进行审视有一定的理论价值与意义。本节就对比展开分析和探讨。

一、教师素质与大学英语教师素质的内涵

教师的素质对教师的教学与学生的学习有着直接的影响，因此下面首先分析教师素质与大学英语教师素质的内涵。

(一)教师素质

从心理学上说，素质是指人们与生俱来的神经系统、感知器官的某些特征，尤其是指大脑结构与技能上的某些特征，它是人

们心理活动产生与发展的前提与基础。[①]

沃建中认为，教师素质是教师能够顺利完成教学任务、培养人所必须具备的品质，并且是身心相对稳定的基本品质。[②]

林崇德将理论与实践紧密结合，将教师素质界定为："在教学活动中，教师表现出来的、对教学效果起决定作用的、对学生身心发展产生直接影响的心理品质的集合。"[③]

本书所说的教师素质主要侧重教师的从业素质，即教师的职业素质，具体指教师为了与教师职业要求相符所必须具备的基本能力与品质，其中包含教师的道德素质、文化素质、思想素质、能力素质、科研素质等。

（二）大学英语教师素质

根据林崇德提出的"三层次五成分"教师素质观，从当前大学英语教师的基本情况看，大学英语教师素质的内涵主要涉及如下几个层面。

1. 职业理想

职业理想是教师从事教学工作的兴趣与动机的体现，是其献身于教学工作的原动力。在大学英语教学中，教师的职业理想表现为积极性、事业心、责任感。大学英语教师具备的崇高的职业理想，是他们开展大学英语教学活动的有力保障。

2. 知识水平

教师具备的知识水平是他们开展教学工作的前提。林崇德(2005)从功能角度出发，将教师的知识结构分为四大部分：本体性知识、文化知识、实践知识、条件性知识。

---

① 李成学，罗茂全．教师的素质与形象[M]．成都：四川教育出版社，2001：30.

② 沃建中．教师素质对学生心理的影响[J]．广西右江民族师专学报，2001，(9)：60-63.

③ 林崇德，申继亮，辛涛．教师素质的构成及其培养途径[J]．中国教育学刊，1996，(6)：16.

本体性知识是教师特有的知识，如英语语言知识，这是为人们普遍知晓的。这一知识与舒尔曼(Shulman)的学科知识基本等同。在林崇德看来，一个人最佳的知识结构就是自己所从事职业的知识，这是获取良好教学效果的保证。学生的年级越高，教师的威信就越取决于自身的本体性知识。林崇德指出，具备本体性知识只是教师教学的基本保证，而不是唯一的保证，教师还需要具备其他层面的知识。

文化知识对于教师的教育效果而言有着重要意义，其与教师的本体性知识有着同等重要的作用。

实践知识是指教师在具体的课堂中，面临有目的的行为所具有的课堂情境知识或相关知识。这种知识是教师经验的积累。教师的教学与研究人员的科研活动不同，教师的教学具有情境性，并且教师的知识主要是从个体实践中得来的。同时，实践知识会受一个人经历的影响和制约。这种知识的表达有着丰富的细节，并且用个体化语言来呈现。

条件性知识是教师能否取得教学成功的保证。一般来说，教师的条件性知识可以分为三种：学生的身心发展知识、学生成绩评估知识、教与学知识。

3. 教育观念

教育观念是教师在教学活动中形成的对教育现象的主体性认知，是从自身的心理背景出发进行的认知。一般来说，教育观念包含知识观、教育观、学习观、学生观等。

4. 监控能力

监控能力是指教师为了保证教学能够顺利实现预期目标，在教学过程中进行主动计划、检查与反馈等。具体来说，监控能力包括对课前教学的设计、对课堂进行管理与指导、对课堂信息进行反馈。事实上，教学监控能力是教师对自身认知的调节与控制，是教师思维反省与反思的体现。

5. 教学策略与行为

教学策略与行为是教师为了实现教学目标,从学生的特点出发,采用各种教学手段开展教学活动,做到因材施教。在大学英语教学中,教师的教学策略与教学行为是教师根据不同学生的学习风格与水平差异,创造符合学生需求的课件,采用网络多媒体技术,将自身的教育思想与学生容易接受的方式完美地融合起来。

二、跨文化教育背景下大学英语教师的专业素质

在跨文化教育背景下,新的教学环境、教学理念以及学生新的学习方式对大学英语教师提出了更高的要求。大学英语教师整体素质的高低是教学成败的关键。具体来说,在跨文化教育背景下,大学英语教师的专业素质主要有如下几种。

(一)高尚的道德素质

1. 对传统道德观念的继承

对于大学英语教师在道德方面的要求而言,主要体现在积极学习、继承、发扬中华民族传统的道德观念与意识,这些对于教师专业素质的提升都有很大的作用。

(1)自由。自由是华夏民族一直以来追求的目标。对中国传统文化进行分析可以发现其中的自由因素表现在两个领域。其一,心灵方面。道家所倡导的“天人合一”“道法自然”就表达了一种心理上不受拘束的自由状态。我国古代著名思想家庄子主张对自然、规律等的尊重,认为自由是一种相对的状态,完全自由的状态是不存在的。庄子是中国古代首位对自由思想进行阐述的人。在古人看来,人只有超越对欲望的贪求才能达到心灵上的彻底自由。其二,生命方面。中国古人十分痛恨统治阶级限制劳动

群众人身自由的做法与政策，历史上很多劳动群众为了反对限制人身自由的国家政策而进行了反抗。儒家倡导人们要“入世”，而道家倡导人们要“出世”，这两种心态在本质上都体现了一种主体对自由的选择。

(2)平等。中国古代历来倡导人人平等，这是一种社会理想。古代著名思想家孔子提出“不患寡而患不均，不患贫而患不安”(《论语·季氏》)，孟子则提出“人皆可以为尧、舜”(《孟子·告子上》)。可见，中国古代社会倡导“人生来平等”的观念，个体在人格上享有平等的权利。“平等”这一观念还体现在社会这一宏观层面。例如，“天下大同”“刑无等级”等都是古代老百姓追求的理想社会状态。中国古代社会的人们所追求的平等不仅是物质方面的平等，也是道德方面的平等。世界上任何物种都有生存下去的权利，即人类与万事万物都是平等的，人类不能以主人翁的心态自居而扼杀其他物种的存在。

(3)公正。公正是古代先贤追求的一种美好的社会理想，主要表现在政治方面。孔子就曾经提出“大道之行也，天下为公”(《礼记·礼运》)。人们对于那些通过侵占公共财产来满足自己贪欲的行为给予了强烈批评。儒家倡导的“无私、心正”，法家提出的“一断于法”以及墨家的“兼爱非攻”等都是中国传统文化对公正思想的表达。

(4)法治。在中国古代，统治阶级不仅注重人治，而且依靠法治；既提倡礼治，也倡导德治。不过纵观中国古代历史的更迭可以看出，在封建社会中德治占据主导地位，法治得不到重视的原因在于其在很多方面都限制了君王的权力与利益。不过，在中国优秀的传统文化中仍可以捕捉到法治观念的蛛丝马迹。思想家孟子、荀子都重视法治的作用，他们指出应该通过法治来弥补礼治的不足。战国时期推行的法家思想被认为是法治思想的高峰。法学思想的著名代表人物韩非子就明确提出了“明法制，去私恩。夫令必行，禁必止”(《韩非子·饰邪》)的观念。他强调国家要制定并颁布法律，通过法律来治理百姓。

(5)敬业。在中国古代的道德标准中,敬业是非常重要的一条。古代的老百姓通常认为只要脚踏实地就可以做出一番事业,“大事不做,小事不为”的从业态度是被老百姓嫌弃的。著名诗人韩愈写道:“业精于勤,荒于嬉;行成于思,毁于随。”(《进学解》)这一经典话语就是古人敬业精神的最好印证。中华民族传统文化中所蕴含的敬业精神是华夏民族得以延续的基础。在这一精神的影响下,中华民族形成了勤劳、勇敢的品德,创造了五千年的灿烂文明。在当今社会,我们所倡导的敬业精神是要求每个公民在对自己的能力有充分认识的基础上自由选择职业,在自己的工作岗位上踏实工作,完成自己的应有职责,从而最大限度地发挥自己的价值。

(6)诚信。中国古代对于诚信思想是非常重视的。《周易》中指出:“君子进德修业,忠信,所以进德也;修辞立其诚,所以居业也。”孔子在《论语·颜渊》中说:“自古皆有死,民无信不立。”这些都体现了诚信是中华民族的传统美德,属于社会主义道德体系的范畴,是处理人与人之间关系的基本准则。关于诚信的含义,很多思想家都做了论述,可以概括为三重含义。其一是诚实。孔子指出要“毋自欺”,朱熹指出要“真实无妄之谓”,也就是说自己要有诚意,不欺骗自己,真心实意,忠厚老实;同时不能欺骗别人,不说大话,要客观实在。其二是守信。孔子说:“与朋友交,言而有信。”这就是说,与他人交往时要做到言而有信。其三是信任。所谓信任,即“以信接人,天下信之”。其中前者是守信,而后者是信任。由此可知,“诚”要求人们办事、说话符合实际与事实,尽力为善,不能自欺欺人,对自己真诚,对他人真诚;“信”要求人们守信,彼此之间信赖、信任,有信誉。① 中国古代提出的诚信往往是微观层面的,即主要针对的是个人,用来判断个人价值的好与坏。在当今社会,我们所倡导的诚信具有以下几个方面的特点。其一,诚信道德是内在与外在的统一。“诚”是一种内在情感,含有真

① 齐春燕.诚信及诚信教育的概念初探[J].内蒙古农业大学学报(社会科学版),2008,(1):25-26.

诚、诚实之意。“诚”既可以独立存在，又可以通过人际关系加以展现。“信”是一种外在的情感行为，必须通过他人来实现，指信用、责任、信誉等。综合来说，诚信道德是内在与外在的统一。其二，诚信道德是德行与能力的统一。“说真话”是人们公认的一种美德，但是只“说真话”是远远不够的，还需要有能力对所说的真话加以践行，否则“说真话”就等同于空话。其三，诚信道德是动机与效果的统一。诚信并不是简单地将“诚”与“信”相加，而是“诚”中有“信”，“信”中含“诚”。其中“诚”侧重内在，因此与动机接近；“信”侧重外在，因此与效果接近。但是，无论在理论上还是在实践上，都存在着诚之信与无诚之信，只有将二者统一起来，将动机与效果相结合，才能达到诚信道德的最高层次。

(7)友善。中华民族是闻名于世的礼仪之邦，在长期的发展过程中形成了友善的传统美德。友善不仅指个人在自己日常生活中对他人友善，也是民族对外交际一贯奉行的态度。儒家十分推崇“仁者爱人”，倡导“忠恕、孝悌、克己、自爱”等品德。对于友善观念的倡导者，管子、老子、孟子都是典型的代表人物，他们都认为君子的最高品德就是与人为善。这些古代的思想家们以身作则，为他人树立了相互友善、友爱的榜样，对当今社会人与人之间如何相处有良好的启发作用。

2. 具备慎独与内省智能

(1)慎独。人们在面临规训时，往往会采用慎独对自己的主体性进行创造。儒学将这种不断对自己主体性进行深化的活动称作“慎独”，这不仅意味着对那些进入个体思想与心灵的东西进行查验，而且意味着个体将有意识地构建自己，用来决定自己的特性与存在方向，实现自我掌控。

(2)内省智能。儒学独特的地方在于从方法的角度引入反思，对认知者与认知对象的关系进行重构，避开了唯智主义认知框架。此外，对认识论进行重构，从自我德行探究开始逐步扩展。

在儒学反思过程中，最要紧与最艰难的就是掀起对认知者的

“慎独”。因为根据儒学天人一体思想，认识自我即认知世界。正如布尔迪厄(Bourdieu)所言，试着用反思性工具，对无反思性引发的各种偏见进行遏制。

人，包含教师，不是工具，不是可以相互替代的角色、符号，而是拥有自主思想的人；教师进行专业活动的力量不是别的，而是教师的心灵——自我的内省智能。在儒学“慎独”思维的基础上，通过对加德纳(Gardner)的内省智能概念的批判性分析，道德创造家的专业智能可以与儒家的修身、身份问题发生联系。假如加德纳的内省智能主要是个人的感觉方式和个人关于情绪或情感的全部意识，那么儒家的内省智能不仅仅是个人的内在意识的提升与发展，即不仅涉及辨别各种情感的能力、区分并定义各种情绪的能力、运用这些能力规范一个人的行为的能力，而且涉及分析那些情感和情绪的道德的因素、社会因素及政治因素的能力。也就是说，从德行、心理学起因、社会根源等方面探讨个人对自己身份的理解，以及人对世界的感知与判断。

(二)解读多元文化的能力

在跨文化教育背景下，教师需要具备对多元文化进行正确解读的能力，具体表现为如下三点。

1. 多元文化是一种历史事实

不同的文化具有差异性，这是人类文化从诞生开始就体现出来的一种客观存在。从历史角度上说，文化的差异性与多样性是一个不争的事实。就宏观的世界历史而言，早期有古希腊文化，中国有春秋战国文化、隋唐文化、明清文化等。这些都可以说明，历史时期不同，文化也不同。因此，多元文化是一种历史事实，是指在一个地域、社会、区域等特定存在的、相互关联的又具有独立文化特征的多种文化。

2. 多元文化是一种政治诉求

多元文化不仅是一种事实存在，还是一种价值存在，是人们在文化上所秉持观念的展现。多元文化是不同族群争取平等的经济、文化权益斗争的结果,是一种对经济、文化等平等的追求。多元文化并不仅限于文化层面,还包含不同民族、不同族群的经济、社会等多种概念。

3. 多元文化是一种思维方式

就哲学意义而言,多元文化体现的是一种思维方式。对多元文化的理解就是对多元文化差异性、多样性的承认,并且要认识到所有文化都应该是平等的,彼此之间会产生直接或者间接的影响。与之相对的认识就是对客观世界的认识,人们对客观世界的认识不应该从单一的角度出发,而应该从多个视角出发。多元文化这一思维方式打破了传统的一元的思维方式。

可见,多元文化不仅是一种历史事实、政治诉求,还是一种思维方式。教师应该对多元文化进行正确的解读,从多元视角对不同文化予以尊重、学习与理解,不能毫无保留地全盘接受社会主流文化,对其他文化全盘否定,应该用批判的眼光看待不同文化。因此,教师在对多元文化进行解读时,应该持有平等、公正、多元的理念。

(三)以学生为中心的教学意识

在跨文化教育背景下,教师应该以学生为中心,教师自身的角色也应该发生改变,从原本对课堂的控制者转变为对学生英语学习的辅助者,同时对待每一位学生都应该持有平等、公平的态度。教师要认识到学生的差异性,针对不同的学生采用不同的教学方法,使学生成为教学的主体,展现学生的个性,从而使学生更好地在多元的环境中习得英语这门语言。

(四)信息化时代下的信息素质

随着科技的日益进步,人们逐渐意识到:人才的高素质是一个国家、一个民族最大的竞争力。在所有素质中,信息素质是一个最不可忽视的方面。因此,各国教育界都特别注重对个人信息素质的培养,很多国家从中小学起就重视对孩子的素质教育。然而,在我国,信息素质教育起步比较晚,并且一直以来仅对高校学生开展文献检索课,直到教育信息化实施,才在一些条件相对较好的中小学开设信息教育课。

通过对我国一所高校教师信息素质的调查发现,我国高校教师信息素质的不足主要体现在如下四个方面。①

(1)较低的信息占有力。在信息化社会中,各种各样的超文本的知识信息正通过不同的媒体充斥着社会的各种场所,而一些教师仅知道在纸质文献中查找资料,完全不知道借助文献、网络文献以及数据库等。

(2)较差的信息鉴别能力。有的教师对于网上的各种信息感到非常茫然,这并不是因为技术上的限制,而是因为他们对知识的细分不甚了解,对检索方法知之甚少。此外,他们不知道如何应对网上的主流语言——英语,所以根本不知道如何鉴别哪类信息是自己需要的。

(3)较弱的信息选择能力。一些教师因为对于文献分类检索很陌生,所以无法理解《中国图书分类法》《杜威十进分类法》的特点和组织原则,更不清楚上、下、左、右概念之间的关系,不了解上位类、下位类。这就导致他们不清楚如何对同类文献信息进行选择,一些教师甚至连写好的论文都不知道怎样给出分类号。

(4)薄弱的利用信息的技能。一方面,由于教师缺乏信息意识,对知识信息的求知欲仅局限于自己的本专业,甚至在知识结构上“吃老本”;另一方面,有的教师对于通过网络与外界交流,坐在家里轻松学习这一变化没有做好思想准备和适时应变的措施,因此无从把握网络环境下的信息资源,更不能适应网络信息检索工具的多样性和复杂性。

大体上说,在跨文化教育背景下,教师应具备的信息素质包

① 宋惠兰.论教育信息化与高校教师的信息素质培养[J].图书馆论坛,2003,(1):36.

括如下七个。

(1)教师要有强烈的信息意识。教师应该对信息、信息社会、教育信息化有基本正确的理解;关心教育信息化的进程,积极投身于学校教育信息化的工作。

(2)教师要对信息有较强的敏感度。也就是说,教师应该认识到获取信息资源对教育工作的重要性;解决学习和教学工作等方面的问题,能确认自己的信息需求,灵活、迅速地通过各种渠道获取有效信息。

(3)教师可以有效地吸收、存储、快速提取和发送信息,能够较好地管理自己搜索的或生成的信息。

(4)教师可以准确、高效地解读信息和批判性地评价信息,可以将信息应用于批判性思考。

(5)教师可以对相关信息进行有效整合,创造性地使用信息解决问题,能够用尽可能多的方式表达、呈现自己生成的新信息。

(6)教师要具备较强的信息道德意识和信息安全意识。

(7)教师要有一定的外语知识。

第三节　跨文化教育背景下大学英语教师专业能力的发展途径

文化素质是大学英语教师专业竞争力的核心元素。在新形势下,大学英语教师的专业发展面临着专业意识欠缺、专业能力薄弱等问题。对此,在跨文化教育背景下,教师应该展望未来,培养专业意识,丰富专业知识,大胆反思,从而成为多元文化教师。具体来说,主要从以下几个方面着手。

一、开展文化培训

要培养出一名合格的大学英语教师,仅仅用几天、几周的时间是不可能的。实际上，培养一名优秀的教师，往往从外语学习的第一天就开始了，通过学校教育直到教师走上讲台之前的培训，甚至走上讲台之后还需要进行再教育。

对于中国的英语教学来说，传统的教学方法之所以代代相传，是因为这些方法在大学英语教师的脑海中根深蒂固。可见，从源头抓起是培养合格的大学英语教师的关键。换句话说，要让教师逐渐学习和接触新的教学理念与方法，同时鼓励他们不断创新教学方法，这样才能用新的教学方法与教学理念影响学生。要想培养高水平的教师，培养教师的跨文化意识，必须对教师进行文化层面的培训。

(一)培训内容

大学英语教师要想成为一名合格的教师，必须具备较强的知识与能力以及良好的态度。教师要想达到这些标准，就必须进行文化教学培训。分类标准不同，培训的类型与内容也不同，如可以分为岗前培训与在岗培训，也可以分为教学方法培训与教材运用方法培训，还可以分为长期培训与短期培训等。对教师开展培训，应该具有系统性，并定期进行，不能仅通过一次或几次培训就结束了。

因此，要将文化教学作为考量因素，为教师提供一个文化教学培训的框架，并且能够用于各种不同的教师培训系统中，为教师的文化教学培训提供一定的参考。

总体而言，教师的文化教学培训可以分为如下两种。

1. 文化能力培训

个人文化能力包含三个层面：文化知识、文化意识、文化行为。因此，文化能力培训的目的可以总结为如下几点。

(1)帮助教师补充文化知识。通过对教师进行文化教学培训，让教师真正地掌握如下能力：对语言、文化、交际三者的关系有所理解和把握；对本土文化与目的语文化的差异性有清楚的认知；对文化、跨文化意识、跨文化交际、跨文化能力等相关概念有清楚的理解和把握；对英语在国际上的地位和作用有清楚的认识。

（2）帮助教师提高文化意识和跨文化敏感性。通过对教师进行文化教学培训，让教师真正掌握如下几个方面的能力：认识到文化在个人、社会所起的重要作用，尤其认识到文化对跨文化交际的作用；愿意了解不同文化，并且愿意与不同文化背景下的人们展开交流；培养对文化差异的捕捉、欣赏、理解能力；能够对自己的言行、跨文化交际经历等进行反思；对自己的跨文化敏感性发展情况进行分析与汇总；能够发挥出文化教学的功能，并且有意识、有计划地开展跨文化外语教学。

（3）帮助教师调整自己的文化行为，提高跨文化交际能力。通过对教师进行文化教学培训，让他们真正掌握如下几个方面的能力：根据不同文化，对自己的交际方式进行调整，并且采用多种策略、多种手段来进行交际；能够与不同文化背景下的人建立友好、平等的关系；勇于参与文化研究与学习，对新的文化群体展开分析和了解。

2. 文化教学培训

对教师进行文化教学培训，目标如下：确定文化教学的目标；设计文化教学大纲；选择文化教学方法，并且有效使用；分析与合理利用教材，并且结合教材添加一些辅助材料；布置文化学习任务；确定文化学习的评价方法。

在跨文化外语教学中，文化教学与外语教学紧密结合，因此在对大学英语教师进行文化教学培训时，也需要将二者结合起来。如果用独立的方式来处理，那么就违背了跨文化外语教学的宗旨。

（二）培训方法

1. 文化意识的培训方法

文化、文化差异以及外语教学的文化教学潜力是客观存在的，关键的一点是让教师意识到它们的存在，即要提高教师的文化敏感性和文化教学的意识。基于此，教师的文化知识积累和文化能力以及文化教学能力才会突飞猛进。所以，文化教学培训的一个根本特点就是“使隐含的东西明确化”。

教师参加培训时，通常带着丰富的文化体验，他们的文化参考框架经过长期、不断的建构和修改，已经成为他们个人身份和个性的一个象征。他们在日常工作和生活中，在与他人进行交流时，都会自动地、无意识地使用其文化参考框架。为了使教师意识到文化参考框架的存在和作用，最有效的方法是采用文化冲撞、关键事件和反思练习等跨文化培训的方法。

2. 文化知识的培训方法

文化人类学全面而系统地阐述了文化概念和知识的学习，无论是在文化理论研究、具体文化的描述上，还是在文化研究的方法上都已形成了较为完善的体系，是外语教师获取相关文化知识的可靠来源。因此，它理应成为外语教师培训的一门必修课。外语教师学习文化人类学时，需要利用文化人类学的部分研究成果，以获取对文化相关概念更清楚的理解，对相关文化群体更全面、深入的了解，同时借鉴其中的一些文化研究和探索的方法。

应该由来自不同领域的专家，如外语教学研究者、文化学家、跨文化交际研究者、教师培训专家等，共同完成对文化人类学研究成果的筛选和选用工作，选择那些教师需要掌握的理论和信息作为培训的内容。

社会学和跨文化交际学的研究成果同样是教师培训应该关注的内容。这两门学科清晰地描述了语言、文化、社会和交际之间复杂的关系。

3. 文化能力的培训方法

文化能力的培训不仅包含教师的认知心理，还囊括教师的行为、教师的情感等。相比较而言，对教师进行文化能力的培训是复杂的,文化能力的培训主要包含如下两种。

其一,跨文化交际能力培训。跨文化交际能力培训始于文化冲撞,目的是让教师通过情感、心理层面的冲撞,对文化冲突有清晰的了解以及感性层面的认识。培训者向教师介绍跨文化交际的困难,然后帮助教师解决这些困难。具体有四种方法:可以给教师提供跨文化交际实践的机会,如到外国人家中做客、到外企见习等;可以让教师通过观察跨文化交际的成败案例来汲取经验,避免进入交际误区;可以通过讲座等活动,让教师不断了解跨文化的本质,弄清文化冲撞为何要产生,进而调整自身的心态;可以让所有教师分享自身的跨文化经历。在整个培训过程中,培训者应该反复强调反思的重要性,受训者正是通过不断学习、不断体会、不断反思才能有效地增强自己的跨文化意识和跨文化交际能力。

其二,文化学习和探索能力培养。文化学习和探索能力培养是要帮助受训教师掌握一套文化学习的方法,使他们能够对遇到的新的文化现象和文化群体进行探索研究。文化学习和探索能力首先是基于勇敢、敏感等情感状态的。如果对文化没有敏感性,忽视文化差异,那么必然会遇到文化学习的障碍。面对陌生的文化环境,很多人选择逃避和退缩,而善于学习和探索的人会勇敢地尝试和体验,积极参加各种有利于自己了解该文化群体的活动。与不同文化背景的人相处时,具备了宽容和移情两种素质,就能有效地避免误解和冲突的发生,文化学习和探索才可能顺利完成。

二、提升专业能力

教师要想在跨文化教育背景下提升自身的跨文化意识,首先需要提升自身的专业能力。具体来说,可以从如下几点着手。

(一)专业引领

当前,我国的大学英语教学在不断革新。先进的理念需要有骨干、研究者的带领,如此才能促进教师自身的专业发展。① 一般来说,教学专家、资深教师等都可以起到专业引领的作用。普通大学英语教师要向他们学习,接触先进的思想与经验,从而推动自身的专业化发展。

1. 专业引领的要求

其一,要发挥专家与普通大学英语教师之间的能动性与积极性。不同的引领人员,所侧重的层面必然不同。科研专家非常注重教学理论,因此其在引领上更注重理论与实践的结合。骨干教师注重教学实践,因此其在引领上更注重具体操作。但是无论是哪一种引领,引领者都需要具备较高的引领能力,既能够在理论上进行指导,又能够在具体操作中提供建议。对于普通大学英语教师而言,他们应该配合专家与骨干教师,对他们给予的建议要认真听取,并且择优采纳,从而分析与总结自身的教学问题,对自己的教学活动进行反思,提升自身的专业素质。

其二,大学英语教师要保证内容、目标正确,采用的方法恰当。大学英语教师专业发展的总目标在于让教师能够对新知识、新信息予以把握,并且能够在这些新知识、新信息的基础上提升自身的专业素质。不同的大学英语教师存在着个体上的差异,所以在专业发展和水平上也必然不同。在进行专业引领时,需要考虑不同教师的具体情况,为不同的教师制订与他们相符的方法,从而实现专业引领的合理性与有效性。

2. 专业引领与大学英语教师专业能力发展

由上述分析可知,专业引领对于大学英语教师专业能力的发展非常重要。要实现专业引领,具体可以从如下几个层面着手。

其一,阐述教学理念。大学英语教师的教学行为往往会受教学理念的影响,因此在专业引领中,专家、骨干教师等应该尽可能

① 孟丽华,武书敬. 网络环境下大学英语教师专业素质发展研究[M]. 北京:外语教学与研究出版社,2015:53.

引导普通大学英语教师熟悉与掌握教学理念，可以采用讲座或者报告等形式。

其二，共同拟订教学方案。当普通大学英语教师掌握了先进的理念后，应与专家、骨干教师共同探讨先进的教学方案。在这一过程中，专家、骨干教师作为引领者，还需要对普通大学英语教师的教学设计提出建议、给予指导，从而让普通大学英语教师的教学设计更为完善。在专家、骨干教师的引领下，普通大学英语教师能够顺利地制订出与教学理念相符的教学方案，并且将这一方案付诸实践。

其三，指导尝试教学实践。当制订完教学方案后，就需要将其付诸实践，从而对教学方案进行验证。在验证时，专家、骨干教师应该参与其中，对教师的教学行为进行记录，从而与具体的方案进行对比，找出差距。在教师结束课程后，专家、骨干教师与普通大学英语教师要进行分析与探讨，对教学方案进行修订，从而使其更完善、更切合实际。

(二)课堂观察

课堂观察属于一种观察方法，也属于一种研究方法或分析方法。教师有意识地观察课堂发生的情况，能进一步对在特殊场景下发生的不确定情况进行分析与解释，提升自身行为的认知与责任心，批判性地反思自身行为，发展自身的自主性意识与独特的行动能力，从而提高自身对教学规律的认识。

所谓课堂观察，是指通过有计划的观察，对课堂的运行情况以及一些细节进行分析与记录，从而改进教师的课堂教学与学生的学习。

与一般的观察相比，课堂观察要求观察者有明确的目的，借助观察表、录像设备等，直接或间接地从课堂中收集资料，并且对收集的资料进行研究与分析。

1. 课堂观察的特点

课堂观察是一种科学的教育研究法，与普通的观察相比，课堂观察有着自身的特点，具体分析如下。

(1)目的性。课堂观察的目的一定要结合教育现象、教育问题来进行考量。在课堂观察过程中，研究者往往需要分析自己进行研究的目的，根据这一目的来进行相应的观察。

(2)系统性。课堂观察的目的要明确，研究者需要从自己的研究目的出发，选择课堂观察的方法与策略，对整个步骤做出全面的、系统的规划，使观察有计划、系统地开展。

(3)选择性。首先，研究者需要对观察中的问题进行选择。其次，与普通的日常观察相比，课堂观察更系统、更细致。

2. 课堂观察的步骤

课堂观察一般分为如下三个步骤。

在进行课堂观察之前，首先应明确需要解决的问题，保证观察的针对性；其次，要根据相关问题制订一个计划。一般来说，计划的内容包含时间、地点、方式、课次等。如果条件允许，可从具体的要求出发，对观察者进行专门的培训。

在进行课堂观察的过程中，要采用一定的观察技术手段，从课堂观察之前制订的观察要点与观察量表出发，选择恰当的观察角度与位置，进入观察状态。通过采用不同的记录手段，在技术层面将定性与定量方法相结合。在观察过程中，还需要对典型的行为进行记录，尤其是记下实际情况与自己的思考。

课堂观察结束后，要对记录的资料、收集的材料进行分析与整理。课堂记录的资料分为两种：一种是定量性质的，另一种是定性性质的。这两种资料所采用的分析手段不同，但目的是相同的，即通过系统的分析，对课堂行为间的关系进行了解与把握，解决课堂中存在的实际问题。通过分析与整理，所有参与者共同探讨相关的解决方案。

3. 课堂观察与大学英语教师专业能力发展

课堂观察对于大学英语教师的专业发展有着重要的意义，具体表现为如下几点。

(1)课堂观察有助于教师专业发展的实践反思。在教学中，教师的专业发展方式是多样化的，有职前的培训，也有在职的学习与培训等。但是，对于教师专业发展的动力而言，归根结底在于教师本身。换句话说，教师专业发展的动力在于教师对自我的分析、对自主的认知以及对自我的完善。基于这种内在动机，教师需要为自己制订专业发展计划，确立自己的专业发展目标，从而选择适合自己发展的方法与技巧。因此，努力提升大学英语教师的专业发展意识与能力，是促进其专业发展的根本动力。而这种自我意识的提升关键在于教学实践。对于教师的职业特性来说，这种自我意识集中于教师在课堂观察中的自我反思。

基于课堂观察的自我反思是教师在教学中做出的并能够产生结果的分析与审视。在反思的过程中，教师将自己视作有见解、有理想、有决策能力的人。这样，教师就会对教学行为、教学计划等进行分析与自评。

反思能力的养成是确保教师继续学习的基本条件。在反思中，教师能拓宽自己的专业视野，将自己追求超越的动机激发出来。同时，这种观察不仅有助于教师改进自己的教学实践与教学行为，而且有助于教师不断提升自身的教学水平与教学质量，促进自身的成长。

课堂观察使得教师可以更好地认识课堂生活，也有助于不断激发教师的自我发现、自我设计。通过自己与同事的观察，教师能够不断提升对自我的认识，不断增强自信心与责任感。由此促进教师批判地、系统地分析自己的教学行为与教学水平，发展自己的判断能力，使自己与其他同行之间相互反省与通力合作，解决教学中存在的现实问题。通过课堂观察，教师可以对自己的教学不足加以改进，提升自身的教学水平与教学质量。

(2)课堂观察有助于加强教师对课堂的驾驭能力。教师只有对教室内发生的教学管理、教学行为等进行全面的、系统的观察，才能真正地将课堂中的各种行为记录在内心，保证课程顺利地开展，并且获得口头的或者书面的评价资料等。

因此，对于教师来说，课堂观察是理解与解释课堂事件背后的依据，是最为直接的方法，对于教师理解与把握课堂行为，有着极其重要的作用与较高的价值。

教师要想对自己课堂上的表现与行为有清楚的认识，必须进行课堂观察。通过课堂观察、课堂行为的分析，教师能够获得更详细、更多的与自己、与学生相关的反馈。在观察中，教师能够发现自己或者其他教师的问题，清楚地认知自己的教学行为。

另外，在课堂观察之后，教师可以与其他教师进行交流与探讨，对自己的教学行为进行反思，找寻恰当的教学策略，从而积极主动地改进教学中存在的问题。

总之，课堂观察有助于教师对自己的课堂行为、课堂观念有清楚的认识，进而对自己的教学进行自我评价，从而激发自身对专业发展的积极性与兴趣。

(3)课堂观察有助于教师教学风格的形成。教学风格独特是教师专业发展的一项重要标志。教师教学风格的形成，取决于教师在发展过程中逐渐形成的教育哲学观、实践性智慧等。而教师哲学观、实践性智慧的形成是与课堂观察这一根本基础密切相关的。

长期以来，教学是一门对个人技能予以强调且有着较大独立性的专业，这是教学的专业特性。正是由于这一专业特性的存在，导致教师在经过多年的工作后，往往会形成缺乏反省、自闭的心态，由此产生职业懈怠。

为了保持专业发展的动力，教师有必要请其他教师或者学校领导，对自己的课堂进行观察与督导，主动呈现自己的课堂，供其他同事或者学校领导观察。

作为课堂的观察者，教师通过细致的观察，进行深刻的反思，从而不断形成教学智慧。

作为被观察者，教师可以被观察，说明教师愿意向其他教师或者学校领导敞开自己的心扉。而观察者也因此观察到更真实的层面，从而对教师教学中的问题与行为进行有意义、科学的分析。

在观察者与被观察者的互动中，新的教学理念会不断受到检验，存在于教师心底的“缄默”也会慢慢显露出来。通过观察者与被观察者之间的互动，教师能对自己的教学形成理性的、客观的认识，从而进行有效的调节；对他人提出的观点能进行斟酌与借鉴，最终形成独特的、个性化的教育理念，推动教师教育哲学观的形成与发展，创造出属于教师自身的独特风格。

许多研究证明，教师接受课堂观察反馈后，能更积极地改变对学生的态度及行为，而且更能意识到自身教学的优缺点。因此，课堂观察有利于教师发扬优点，克服缺点，形成独特的教学风格。

(4)课堂观察有助于提高教师的观察能力。在进行课堂观察时，教师需要面对的是全体学生，需要对当前的情况进行调控与观察，让学生达到最优化的状态。同时，教师需要考虑具体的情境，重点观察课堂开展过程中学生存在的一些行为或者某些行为，这样才能全面地把握课堂行为。

教师需要考虑自身教学的实际情况，对重点需要解决的问题进行观察，如可以选择如何有效管理课堂，也可以选择如何提高提问的有效性等。这样课堂的方向就有了一个基本的定位，教师在课堂设计、课堂研究、课堂创造层面就有了清楚的依托，以便更加深刻地理解课堂，更加深入地分析与探讨自己关心的问题，探求解决的方法与技巧，从而切实提升教学的质量与效率。

通过对课堂教学的观察、分析、思考和判断，透过现象分析课堂行为反映的实质问题，教师的观察能力会逐步得到增强。例如，教师对课堂上其他教师提问进行观察，可以通过对教师提问的方式、提问的对象、问题的设计及对学生回答的处理方式等进行反思，探讨提问的有效性、生成性，并且将反思的结果运用到新的课堂情境中。针对课堂观察后的反思再进行实践，经过观察、反思、实践、再观察，反复循环，可以促使广大教师的教育教学研究能力不断提高。

当教师对自己的课堂进行观察时,应该更加注重细节的观察与分析。而当教师对其他教师的课堂进行观察时,除了要观察细节,还要让观察更具有系统性,这才有助于自身及其他教师的成长。

需要指出的是,教师在观察其他教师的课堂时,必须做充足的准备。这样才能从自己的研究目的出发,选择恰当的观察策略与方法,对整个观察过程做出系统的规划,将对细节的观察置于全面的系统中。这样还能在推动学生发展的总体目标下,从教学目标对学生进行相关技能的要求考虑,制订出观察的具体内容,使细节与系统各自成为条件。

(三)教学反思

一位教师写一辈子的教案也不一定成为名师,而一位教师写三年反思就有可能成为名师。众多的理论和实践证明,反思是促进大学英语教师专业发展的一个重要途径。

1. 教学反思的分类

美国管理科学家唐纳德·舍恩(Donald Schon)按照反思发生的时间将其分为对行动的反思和在行动中反思。① 对行动的反思发生在课前对课堂的思考和计划上或发生在课后对课堂中一切事情的思考上。在行动中反思发生在行动过程中,当教师在努力参与教学实践时,通常会针对所面临的问题进行反思并且试图找到问题的解决方法。

反思性实践者要善于从工作环境中提炼问题。问题必须从复杂、疑惑和不确定的问题情境中建构出来。经验的重构过程包括问题的背景和问题的解决两个方面。

1992 年,英国教师教育研究者莫文纳·格里弗斯(Morwena

① 朱旭东. 教师专业发展理论研究[M]. 北京:北京师范大学出版社,2011:169.

Griffiths)和塞拉·唐(Sarah Tann)提出了一种反思的一般维度体系,具体包含五个不同维度:第一个维度——快速反应,第二个维度——修正,第三个维度——回顾,第四个维度——研究,第五个维度——理论化、系统化。[①] 上述五种反思维度更全面地扩展了唐纳德·舍恩关于培养反思性实践者的思想,使反思更为具体,更具有操作性,为促进教师的实践和反思提供了很好的方法。

2. 教学反思与大学英语教师专业能力发展

要培养具有反思性思维的学生,教师首先得能反思,成为反思型教师。因此,反思性思维的培养成为教师教育需要优先关注的问题。

(1)促进教师反思性思维的培养。杜威(Dewey)是教育史上第一位论说反思性思维培养的教育家。他认为,培养反思性思维应成为教育的中心目的,"学习就要学会思维";具备了反思性思维的能力,就能够"将经验到的模糊、疑难、矛盾和某种纷乱的情境转化为清晰、连贯、确定和和谐的情境"[②],实现有效学习。为此,杜威提出"从做中学"和"从经验中学"的新教育理念。杜威提倡在培养开放性、专心和责任心这些个人品质和特质的基础上,辅以逻辑方法来培养反思。

杜威在反思性思维培养方面所做的具有开创性的贡献使他成为教育界公认的"反思鼻祖"。他把后来学者们的研究引入两个更具体的领域:反思性教学侧重的是培养反思性思维的教学论和教学模型研究;反思性教育则比较宽泛,旨在探讨以培养反思性思维为目的的整个教育设计,反思性教学是其中的一部分。

(2)推进教师职业化、专业化的需要。唐纳德·舍恩把反思性思维第一次真正、卓有成效地贯彻到了教师的教育领域。不

---

① 朱旭东. 教师专业发展理论研究[M]. 北京:北京师范大学出版社,2011:169.

② 单中惠. 杜威的反思性思维与教学理论浅析[J]. 清华大学教育研究,2002,(1):55-62.

过，他并不是就教师教育探讨反思性思维的培养，而是从专业教育与反思性思维培养这样一个角度切入的，教师教育是其中的一个组成部分。

唐纳德·舍恩认为，作为专业教育培养的实践者，对教师进行教育不能脱离实践，要联系实践，也就是让他们学会从实践中挖掘、获取行动中的知识，实现途径就是让他们不断地进行行动中的反思，并且在行动中“知道”。怎么理解行动中的知识和行动中的反思呢？行动中的知识大致与我们经常提到的“实践性知识”“经验”“突发的念头”和“机智”等相同。唐纳德·舍恩称其为一种不稳定且无法说出的缄默知识。行动中的反思则比较隐秘，难以察觉它，但能感受到它的影响。

唐纳德·舍恩认为，科技理性无法解决实践中的多样性、复杂性情境中的实际问题，有时甚至会把事情变得更糟，因此要寻求实践的不确定性、不稳定性、独特性和价值冲突的符号艺术性以及直觉的实践认识论以取得实证的认识论，这就是在“行动中反思”。[①] 他认为，一个专业实践者可以做出无数有品质的判断，却无法陈述其判断的原则；可以表现出技巧并运用娴熟，却无法说出其运用的规则和程序，甚至当他有意识地使用以研究为基础的理论和技能时，他依然还是依赖于自身隐含性的确认、判断及熟练的执行方法。[②] 这是因为人们的认识通常是缄默的，而缄默存在于实践行动的感悟里。认识在行动之内，而专业实践依赖于行动中的人。在“行动中反思”是一门艺术，即实践者在某些时候和在一些情境中能够很好地处理不确定的、不稳定的、独特的问题与价值的冲突。

反思性思维的培养不与学术水平直接反应，而取决于训练实践艺术。也就是说，反思性思维是训练出来的，而不是教出来的。

---

① 朱旭东．教师专业发展理论研究[M]．北京：北京师范大学出版社，2011：182.

② 同上．

三、提高专业意识

所谓教师的专业发展意识，是指教师按照教师专业化的要求，对自己专业发展过程、目前专业发展状态、未来专业发展规划的系统化、理论化的认识。教师的专业意识是基于教师的自我意识、职业认同、动机的基础上产生与呈现的，其对于教师素质与能力的拓展起着重要的规划与导向作用。

我国的大学英语教师一直被视作学生知识水平发展的工具，其个人专业的发展往往被忽视，因此很多教师也在自己前进的道路上失去了动力与愿望。很多年轻的教师由于教学时间短、缺乏教学经验，也没有过多参与课题研究的机会，因此经过一段时间的教学工作后，往往产生厌烦情绪，这都是自我专业发展意识薄弱的表现。在当前的跨文化教育背景下，大学英语教师应该不断提升自身的专业意识，具体可以从如下三点着手。

（一）理想意识

教师的专业理想推动着教师的专业发展，为教师指明了奋斗的方向。大学英语教师的专业理想作为其基本的职业追求，包含自身对工作的热爱程度与积极性。

如果大学英语教师具备专业理想，他们对自身的教学工作就有认同感，愿意投身于教学工作，为自己的教学事业努力奋斗，并且在教学中不断展现自我、完善自我，以实现自身与社会需要相符。

大学英语教师的专业理想很容易受专业活动是否是自主的、学校是否支持教师等因素的影响。学校作为重要的教学活动场所，其支持与帮助直接影响着教师专业理想的实现。因此，学校应该尽可能地给予教师一定的支持与帮助，从而促进教师的专业发展。

（二）理论意识

专业发展理论是促进教师专业素质与能力拓展的重要理论

依据，对教师自身的专业水平有着重要的指导与启发作用。通过学习专业发展理论知识，教师可以不断提升自己的专业意识与能力，了解目前的发展阶段并在此基础上确立具体的成长目标，制订切实可行的方案。

具有自我专业发展意识的教师，他们可以承担自身的责任，从而提升自己的专业水平。他们非常关注自己的专业素质与能力拓展，也会自觉地利用、创造条件，从而更新自己的内在专业结构，提高专业水平。

(三)科研意识

反思能力对于教师的专业素质与能力拓展意义重大。只有当教师认识自身专业素质与能力存在不足时，才能做出合理的规划，从而不断提升自身的专业水平。

通过记录专业中的关键事件与自我专业发展保持对话，并且对未来的发展规划进行适当的调整，教师在专业化发展的过程中必有大成。教师能否具有科研意识，决定了教师能否尽自己所能投身于科研活动。也就是说，教师要想从事科研工作，就必须具备科研意识。他们要在思想上对科研有所重视，在理论上不断加强学习，获得科研的理论指导，同时要不断提升自身的问题意识与思考意识等，这样才能真正地投身于科研活动，并且为大学英语教学研究贡献一份自己的力量。

参考文献

[1][英]爱德华·泰勒著,连树声译.原始文化[M].上海:上海文艺出版社,1992.

[2]白靖宇.文化与翻译(修订版)[M].北京:中国社会科学出版社,2010.

[3]毕继万.跨文化交际与第二语言教学[M].北京:北京语言大学出版社,2009.

[4]陈俊森,樊葳葳,钟华.跨文化交际与外语教育[M].武汉:华中科技大学出版社,2006.

[5]陈坤林,何强.中西文化比较[M].北京:国防工业出版社,2012.

[6]陈则航.英语阅读教学与研究[M].北京:外语教学与研究出版社,2016.

[7]成昭伟,周丽红.英语语言文化导论[M].北京:国防工业出版社,2011.

[8]冯莉.大学英语语法教学理论与实践[M].长春:吉林出版集团有限责任公司,2009.

[9]傅铿.文化:人类的镜子[M].上海:上海人民出版社,1990.

[10]高一虹.语言文化差异的认识与超越[M].北京:外语教学与研究出版社,2000.

[11][俄]古卡连科著,诸慧芳、梅汉成译.多元文化教育的理论与实践[M].北京:人民教育出版社,2012.

[12][德]黑格尔著,王造时译.历史哲学[M].上海:上海书店出版社,2001.

[13]何广铿.英语教学法教程:理论与实践[M].广州:暨南大学出版社,2011.

[14]何少庆.英语教学策略理论与实践运用[M].杭州:浙江大学出版社,2010.

[15]何自然,冉永平.新编语用学概论[M].北京:北京大学出版社,2009.

[16]胡春洞.英语教学法[M].北京:高等教育出版社,1990.

[17]胡文仲.跨文化交际学概论[M].北京:外语教学与研究出版社,1999.

[18]黄勇.英汉语言文化比较[M].西安:西北工业大学出版社,2007.

[19]贾玉新.跨文化交际学[M].上海:上海外语教育出版社,1997.

[20]金惠康.跨文化交际翻译续编[M].北京:中国对外翻译出版公司,2004.

[21]康莉.跨文化视角下的大学英语教学:困境与突破[M].北京:中国社会科学出版社,2014.

[22][美]克利福德·格尔茨著,韩莉译.文化的解释[M].上海:译林出版社,1999.

[23]李成洪.英语教学与跨文化传播[M].沈阳:东北大学出版社,2013.

[24]李成学,罗茂全.教师的素质与形象[M].成都:四川教育出版社,2001.

[25]李建军.文化翻译论[M].上海:复旦大学出版社,2010.

[26]李正栓,郝惠珍.中国语境下英语教师教育与发展研究[M].保定:河北大学出版社,2009.

[27]连淑能.英汉对比研究(增订本)[M].北京:高等教育出版社,2010.

[28]林大津.跨文化交际研究[M].福州:福建人民出版社,1996.

[29]刘颖.计算语言学[M].北京:清华大学出版社,2014.

[30]鲁子问,康淑敏.英语教学方法与策略[M].上海:华东师范大学出版社,2008.

[31]鲁子问.英语教学论(第2版)[M].上海:华东师范大学出版社,2009.

[32]孟丽华,武书敬.网络环境下大学英语教师专业素质发展研究[M].北京:外语教学与研究出版社,2015.

[33]穆雷.中国翻译教学研究[M].上海:上海外语教育出版社,1999.

[34]沈银珍.多元文化与当代英语教学[M].杭州:浙江大学出版社,2006.

[35]束定芳,庄智象.现代外语教学:理论、实践与方法[M].上海:上海外语教育出版社,2008.

[36]苏新春.文化语言学教程[M].北京:外语教学与研究出版社,2006.

[37]孙英春.跨文化传播学导论[M].北京:北京大学出版社,2008.

[38]王斌华.口译:理论·技巧·实践[M].武汉:武汉大学出版社,2006.

[39]王笃勤.英语教学策略论[M].北京:外语教学与研究出版社,2002.

[40]王凡,王金宝,赵慧敏.跨文化交际与当代英语教学[M].长春:吉林大学出版社,2015.

[41]王芬.高职高专英语词汇教学研究[M].上海:上海交通大学出版社,2012.

[42]魏朝夕.大学英语文化主题教学探索与实践[M].北京:中国农业科学技术出版社,2010.

[43]魏会廷.教师学习共同体:促进教师专业发展的新途径[M].武汉:武汉大学出版社,2014.

[44]吴为善,严慧仙.跨文化交际概论[M].北京:商务印书

馆,2009.

[45]肖仕琼.跨文化视域下的外语教学[M].广州:暨南大学出版社,2010.

[46]谢职安.高校英语教师专业发展研究[M].北京:知识产权出版社,2014.

[47]徐文峰.教师专业发展实践导论[M].北京:人民日报出版社,2014.

[48]闫文培.全球化语境下的中西文化及语言对比[M].北京:科学出版社,2007.

[49]严明.大学英语翻译教学理论与实践[M].长春:吉林出版集团有限责任公司,2009.

[50][美]詹姆斯·班克斯著,荀渊译.文化多样性与教育(第五版)[M].上海:华东师范大学出版社,2010.

[51]张红玲.跨文化外语教学[M].上海:上海外语教育出版社,2007.

[52]张全.全球化语境下的跨文化翻译研究[M].昆明:云南大学出版社,2010.

[53]张鑫.英语教学的理论与实践[M].北京:知识产权出版社,2012.

[54]朱旭东.教师专业发展理论研究[M].北京:北京师范大学出版社,2011.

[55]苟巧丽.多媒体教学环境下大学英语教师角色的研究[D].重庆:四川外国语大学,2012.

[56]韩婧.军事院校中“文化导入”型英语教学研究[D].重庆:西南大学,2013.

[57]何薇.大学英语词汇教学研究——以贵阳学院为例[D].重庆:西南大学,2009.

[58]黄慧.建构主义视角下的大学英语语法教学研究[D].上海:上海外国语大学,2007.

[59]李峰.高中英语课堂文化知识教学[D].武汉:华中师范

大学,2008.

[60]李雪.高职英语教育文化导入研究[D].武汉:湖北工业大学,2017.

[61]刘三灵.网络时代高校英语教师素质研究[D].长沙:湖南农业大学,2008.

[62]卢风龙.语境理论在高中英语词汇教学中的应用研究[D].济南:山东师范大学,2013.

[63]鲁卫群.跨文化教育引论[D].武汉:华中师范大学,2003.

[64]吕炯.跨文化传播视角下的大学英语教学模式探析[D].合肥:中国科学技术大学,2013.

[65]毛婷婷.基于网络资源平台的翻转课堂在初中英语语法教学中的应用研究[D].苏州:苏州大学,2017.

[66]牟必聪.翻转课堂理念下高中英语词汇教学的设计与实践[D].上海:华东师范大学,2018.

[67]商利民.教师专业学习共同体研究[D].广州:华南师范大学,2005.

[68]孙菀临.高中历史多元文化教育教学研究[D].西安:陕西师范大学,2018.

[69]肖敏.大学英语教学中的跨文化教育[D].长沙:湖南师范大学,2009.

[70]张海倩.基于语境理论的高中英语词汇教学研究[D].重庆:重庆师范大学,2012.

[71]周方源.语境理论在大学英语词汇教学中的应用研究[D].呼和浩特:内蒙古师范大学,2013.

[72][美]奥斯曼·约茨图尔古特,吕耀中,赵娜.理解多元文化教育[J].世界教育信息,2016,(10).

[73]毕继万.跨文化交际研究与第二语言教学[J].语言教学与研究,1998,(1).

[74]陈诚.英汉文化差异对翻译的影响[J].湖北开放职业学院学报,2018,(24).

[75]陈静.大学英语听力教学中文化背景知识的传授[J].英语广场,2018,(10).

[76]陈恪清.大学英语教学翻译和翻译教学的思考[J].外语与外语教学,2002,(7).

[77]陈樱.英语教学中应注意英汉语法的差异[J].文教资料,2006,(22).

[78]邓道宣,江世勇.略论中学英语语法教学的原则和方法[J].外国语文论丛,2018,(8).

[79]邓芳.文化教学与大学英语教学的有机融合[J].安徽电子信息职业技术学院学报,2015,(1).

[80]丁捷慧."说"之有道,探究英语口语教学的原则[J].华夏教师,2018,(24).

[81]丁念亮.谈高级英语教学中的文化教学实践[J].时代文化,2010,(4).

[82]杜柯含.互联网+背景下大学英语翻译教学模式探讨[J].北极光,2019,(1).

[83]方圆.经典英文歌曲在大学英语教学中的作用[J].汉江师范学院学报,2018,(3).

[84]高琰,杜雪梅.高职英语教学中学生非语言交际能力培养策略研究[J].长春教育学院学报,2015,(11).

[85]葛文改.大学英语写作教学的基本原则略谈[J].中国校外教育,2009,(S3).

[86]顾晓岚.浅谈基于中西文化差异的英语阅读教学[J].高教学刊,2017,(23).

[87]顾曰国.礼貌、语用与文化[J].外语教学与研究,1992,(4).

[88]郭继荣,戴炜栋.大学生英语自主学习评价实证研究[J].外语界,2011,(6).

[89]黄元龙.浅议高职英语写作教学的循序渐进原则[J].开封教育学院学报,2017,(2).

[90]黄志成,魏晓明.跨文化教育——国际教育新思潮[J].

全球教育展望,2007,(11).

[91]胡彤,张国.跨文化交际中的文化干扰与外语教学[J].鸡西大学学报,2014,(12).

[92]靳淑梅.多元文化主义的困境及对教育的启示[J].教育评论,2009,(1).

[93]李蕾.交际教学法在高职英语口语教学中的应用[J].郑州铁路职业技术学院学报,2017,(2).

[94]李梦茹,李怡然,翟书娟."阅读圈"模式下英语人文阅读课自主学习活动的设置与开展[J].英语广场,2017,(11).

[95]林崇德,申继亮,辛涛.教师素质的构成及其培养途径[J].中国教育学刊,1996,(6).

[96]林晓云.略谈营造语境与大学英语教学[J].成功(教育),2009,(7).

[97]刘卉.大学英语文化教学中阅读圈教学模式的构建与探索[J].教育现代化,2018,(45).

[98]刘爱真.文化认知与言语得体——大学英语教学中文化教学思路谈[J].外语界,2000,(2).

[99]刘长江.谈外语教育中目的语文化和本族语文化的兼容并举[J].外语界,2003,(4).

[100]楼荷英,寮菲.大学英语教师的教学信念与教学行为的关系——定性与定量分析研究[J].外语教学与研究,2005,(4).

[101]马宏伟.英语专业听力教学的原则和策略[J].传播力研究,2017,(11).

[102]马琳.浅谈文化背景知识对大学英语听力教学的影响及对策[J].湖北科技学院学报,2014,(5).

[103]潘晶.跨文化意识和跨文化交际能力的培养途径探析[J].延安职业技术学院学报,2018,(4).

[104]彭晓燕.非英语专业大学英语教学中本土文化与目的语文化的碰撞[J].内蒙古财经大学学报,2014,(1).

[105]齐春燕.诚信及诚信教育的概念初探[J].内蒙古农业

大学学报(社会科学版),2008,(1).

[106]钱旭升,靳玉乐.教师个体专业发展与教师群体专业发展[J].教育科学,2007,(4).

[107]曲爽,马永辉.多元文化语境下的外语教师自身素质发展[J].教书育人,2010,(36).

[108]任冰,朱秀芝.试析多元文化视域下大学英语教师的角色定位[J].黑龙江高教研究,2013,(3).

[109]单中惠.杜威的反思性思维与教学理论浅析[J].清华大学教育研究,2002,(1).

[110]宋惠兰.论教育信息化与高校教师的信息素质培养[J].图书馆论坛,2003,(1).

[111]苏雪梅.大学英语教育中"中国文化失语"现状与重构[J].山西大同大学学报(社会科学版),2019,(1).

[112]唐之斌.浅析多元文化教育理论体系[J].文化学刊,2017,(8).

[113]田俊.从非语言交际角度培养大学生的跨文化交际能力[J].湖北经济学院学报(人文社会科学版),2009,(2).

[114]王回力.浅谈高职英语教学中跨文化交际意识及能力的培养[J].文化创新比较研究,2018,(29).

[115]王金花.文化背景知识对大学英语听力的影响[J].浙江万里学院学报,2007,(5).

[116]王景明.跨文化交际能力在大学英语教学中的培养[J].科教文汇(上旬刊),2015,(8).

[117]王京平.谈翻译教学的任务与目标[J].北京第二外国语学院学报,2003,(4).

[118]王露璐.高校教师师德问题研究综述[J].道德与文明,2006,(1).

[119]王文平.论大学英语听力教学中的文化导入[J].考试与评价(大学英语教研版),2013,(3).

[120]王云华.英语学习中的文化学习与学习文化[J].基于

英语教育,2011,(4).

[121]魏筠.多元文化时代背景下的教师专业素养探析[J].教育学术月刊,2011,(4).

[122]沃建中.教师素质对学生心理的影响[J].广西右江民族师专学报,2001,(3).

[123]吴康宁.教育的社会功能诸论评述[J].华中师范大学学报(哲学版),1996,(3).

[124]吴增奕.高校英语课程英汉语法差异教学方法研究[J].湖南城市学院学报(自然科学版),2016,(6).

[125]夏纪梅.大学英语教师的外语教育观念、知识、能力、科研现状与进修情况调查结果报告[J].外语界,2002,(5).

[126]肖君.英语词汇教学中文化差异现象浅析[J].四川教育学院学报,2007,(5).

[127]肖旭.怎样利用多媒体教学方式上好西方文化入门课——以 *Bible and Christianity* 为例[J].前沿,2013,(3).

[128]杨丽萍.文化背景知识与英语听力教学[J].中国校外教育,2010,(6).

[129]杨振宇.从表达性与交际性看写作本质[J].佳木斯大学社会科学学报,2000,(2).

[130]杨忠,张绍杰,谢江巍.大学英语教师的科研现状与问题分析[J].外语教学,2001,(6).

[131]姚姗姗.培养学生跨文化非语言交际能力的途径[J].科教文汇(下旬刊),2008,(10).

[132]易雅琴.英语口语教学"文化植入"的初探与应用[J].海外英语,2014,(2).

[133]于明珠,杨光.全球化背景下大学生跨文化意识和能力的培养[J].绥化学院学报,2018,(6).

[134]原传道.大学英语教学翻译之我见[J].教育与职业,2004,(20).

[135]张天然.英语翻译教学的有效措施研究[J].课程教育

研究,2019,(6).

[136]张远艳.大学英语教学中跨文化交际意识和能力的培养[J].学周刊,2016,(10).

[137]赵彦芳.论大学生跨文化非语言交际能力的培养[J].科技信息(学术研究),2008,(26).

[138]周燕.高校英语教师发展需求调查与研究[J].外语教学与研究,2005,(3).

[139]Austin. *How to Do Things with Words*[M]. Beijing: Foreign Language Teaching and Research Press,2002.

[140]B. H. Spitzberg, DJ Canary, WR Cupach. A competence-based approach to the study of interpersonal conflict[J]. *Human Communication Research*,1984,(10).

[141]Bachman L. *Fundamental Considerations in Language Testing*[M]. Oxford: Oxford University Press,1990.

[142]Brooks, N. Teaching Culture in the Foreign Language Classroom[J]. *Foreign Language Annals*,1968,(3).

[143]Canale, M. & Swain, M. The Theoretical Bases of Communicative Approaches to Second Language Teaching and Texting[J]. *Applied Linguistics*,1980,(1).

[144]Chomsky, N. *Reflections on Language*[M]. New York: Pantheon,1975.

[145]Cronbach, L. J. An analysis of techniques for diagnostic vocabulary testing[J]. *Journal of Educational Research*,1942,(36).

[146]Davus, Linell. *Doing Culuture—Cross-Cultural Communication in Action*[M]. Beijing: Foreign Language Teaching and Research Press,2004.

[147]Erikson, S. *Identity: Youth and Crisis*[M]. New York: Norton,1968.

[148]Ferdinand de Saussure. *Course in General Linguistics*[M]. La Salle, Illinois: Open Court,1983.

[149] Furr, M. *Stories for Reading Circles* [M]. Hong Kong: Oxford University Press, 2007.

[150] Hall Edward T. *The Silent Language* [M]. New York: Anchor Books, 1959.

[151] Hanvy, R. G. *Reading In Cross-cultural Communication* [M]. New York: Newbury House, 1979.

[152] Hofstede, G. *Culture's Consequences: Comparing Values, Behaviors, Institutions and Organizations across Nations* (2nd ed.) [M]. Shanghai: Shanghai Foreign Language Education Press, 2008.

[153] Hymes, D. *On Communicative Competence* [M]. Harmondsworth: Penguin, 1972.

[154] Kramsch, C. Culture in Language Learning: A View from the United States [A]. *Foreign Language Research in Cross-Cultured Perspective* [C]. Bot, K. D., Ginsberg, R. B. & Kramsch, C. Amsterdam: John Benjamin, 1991.

[155] Krashen, S. *The Input Hypothesis: Issues and Implications* [M]. London: Longman Group Limited, 1985.

[156] Kroeber, A. L & Kluckhohn, C. *Culture: A Critical Review of Concepts and Definitions* [M]. New York: Random House, 1952.

[157] Larsen-Freeman D. *Teaching Language: From Grammar to Grammaring* [M]. Boston: Heinle & Heinle, 2005.

[158] Nostrand, H. L. Empathy for a Second Culture: Motivations and Techniques [A]. *Responding to New Realities* [C]. Jarvis, G. A. Skokie, IL: National Textbook Co., 1974.

[159] Ramirez, M. & Castaneda, A. *Cultural Democracy, Bicognitive Development and Education* [M]. New York: Academic Press, 1974.

[160] Richards, J. C. & Rodgers, T. S. *Approaches and Methods in Language Teaching* [M]. Cambridge: CUP, 2001.

[161]Richards, J. C. The Role of Vocabulary teaching[J]. *TESOL Quarterly*, 1976, (10).

[162]Robinson, G. N. *Cross-cultural Understand: Process and Approaches for Foreign Language, English as a Second Language and Bilingual Educators*[M]. New York: Pergamon Press, 1985.

[163]Samovar, L. & Porter, R. *Communication between Cultures*[M]. Belmont, CA: Wadsworth Publishing Company, 1995.

[164]Samovar, L. et al. *Communication between Cultures*[M]. Beijing: Foreign Language Teaching and Research Press, 2000.

[165]Searle, J. What is a speech act? [A]. *Pragmatics—a Reader*[C]. S. Davis(ed.). Oxford: OUP, 1965a.

[166]Searle, J. Indirect speech acts[A]. *Pragmatics—a Reader*[C]. S. Davis(ed.). Oxford: OUP, 1965b.

[167]Sparks, R. L. & Patton, J. Relationship of L1 skills and L2 aptitude to L2 anxiety on the foreign language classroom anxiety scale[J]. *Language Learning*, 2013, (4).

[168]Stern H. H. *Fundamental Concepts of Language Teaching*[M]. Oxford: Oxford University Press, 1983.

[169]Swain, M. Output Hypothesis: Its History and Its Future[J]. *Foreign Language Teaching and Research*, 2008, (1).

[170]Tylor, Edward Burnrtt. *Primitive Culture*[M]. Beijing: the Chinese Press, 1990.

[171]Widdowson, H. G. *Aspects of Language Teaching*[M]. Oxford: Oxford University Press, 1990.

[172]Hatch, Evelyn and Brown, Cheryl. *Vocabulary, Semantics and Language*[M]. Beijing: Foreign Language Teaching and Research Press, 2001.